目次

TABLE DES MATIÈRES

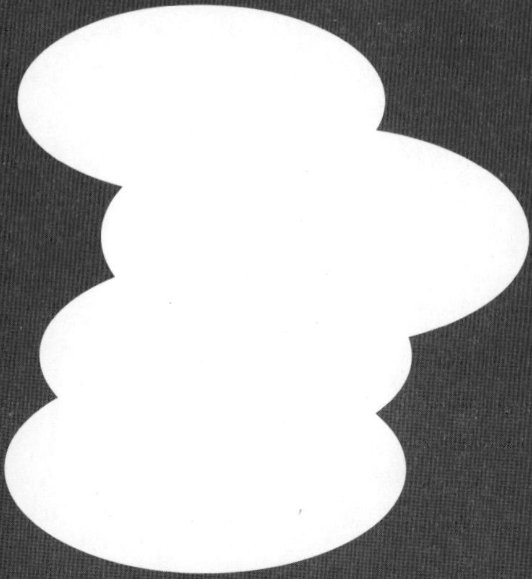

尼采的生平

La vie

《查拉圖斯特拉如是說》（*Zarathoustra*）第一卷始於三個變形（métamorphose）：「精神如何變成駱駝，駱駝如何變成獅子，到最後獅子如何變成孩子。」駱駝是馱重的動物，它背負著既定價值，那些教育、道德及文化的重擔（fardeau）。沙漠中，駱駝背負著這些重擔，然後轉變為獅子：獅子打破雕像，踐踏重擔，批判一切既定價值。最後，獅子變成孩子，也就是說變成了遊戲（Jeu）與新開始，他是新價值及新評價原理的創造者。

尼采認為這三個變形同時也意味著其作品的不同時刻，以及他生命與健康的不同階段。當然，三者的劃分是相對的：獅子已經出現在駱駝的身上，孩子也在獅子當中；而在孩子身上有著悲劇的結局。

*

一八四四年弗里德里希・威廉・尼采（Frédéric-Guillaume Nietzsche）誕生於洛肯鎮（Roecken），位於圖林根的一個地區，附屬於普魯士王國。母系跟父系一樣，都是路德教派的牧師家庭。尼采的父親也是牧師，個性敏感而富有教養，一八四九年過世（由於腦炎或中風的緣故，死於腦軟化症）。隨後，舉家搬遷至瑙姆堡（Naumburg），尼采與妹妹伊莉莎白就在一個由女性圍繞的環境中成長。尼采是一位天才兒童，他幼年時期所撰寫的論文、所譜寫的樂曲至今仍保留著。在教育方面，他首先在普夫達（Pforta）受教，繼而去了波昂與萊比錫。在神學與文獻學（philologie）之間，他選擇了後者。但是透過叔本華（Schopenhauer）那種孤獨思想家、「個人思想家」（penseur privé）的意象，哲學已經令他著迷。由於尼采在文獻學上的成就（包括他對泰奧格尼斯[1]、西蒙尼德〔Simonide〕[2]、第歐根

1. 譯註：泰奧格尼斯（Théognis de Mégare），西元前六世紀之古希臘輓歌體（élégiaque）詩人。
2. 譯註：西蒙尼德（Simonide de Céos），西元前六世紀中葉至五世紀中葉之古希臘抒情（lyrique）詩人。

尼—拉爾修〔Diogène-Laërce〕[3]等人的研究），一八六九年瑞士巴塞爾（Bâle）大學任命他為文獻學教授。

尼采於萊比錫結識了華格納（Wagner），一段過從甚密的交誼由此展開。此時華格納住在瑞士琉森郊外的特里布森（Tribschen）。如同尼采所說的，這是他生命中最美好的時刻之一。當時華格納年近六十歲，第二任妻子柯西瑪（Cosima）才剛滿卅。柯西瑪是作曲家李斯特（Liszt）的女兒，為了華格納，她與音樂家漢斯．馮．彪羅（Hans von Bülow）離婚。朋友間有時以希臘神話人物為喻，叫她雅莉安（Ariane），暗示彪羅就像是雅典王子忒修斯（Thésée）、華格納是酒神戴奧尼索斯（Dionysos）[4]。尼采在此碰到了一種情感模式（schème affectif），他身處其中、並越來越如魚得水。美好的日子絕非一無陰霾，尼采時而感到不快，認為華格納利用他、剽竊他關於悲

3. 譯註：西元三世紀古羅馬詩人、文獻彙編家、傳記作家，古代哲學重要史料《哲人言行錄》（*Vies, doctrines et sentences des philosophes illustres*）編纂者。

4. 譯註：根據希臘神話，雅典人與克里特國王米諾斯結怨，為平息怒氣，須定期送上童男童女獻給迷宮怪物米諾陶洛斯，雅典王子忒修斯自願犧牲。米諾斯公主雅莉安愛上忒修斯，遂暗中協助，給了他一團線及一把劍，忒修斯便用劍殺死怪物、用線走出迷宮。雅莉安登上雅典人船隻、隨忒修斯離去，途經納克索島，忒修斯夢見酒神戴奧尼索斯，酒神稱已與雅莉安訂婚，若不將她留

劇的概念；他時而陶醉其中，認為在柯西瑪的協助下，他將助華格納臻乎真的境界（des vérités），而這是華格納單憑己力所無法發現的。

由於巴塞爾大學的教授職位，尼采成為瑞士公民。一八七〇年普法戰爭期間，他擔任醫護兵（ambulancier）。這期間，尼采甩去了他最後的「重擔」：也就是國族主義、以及對俾斯麥與普魯士政權的好感。他無法再贊同文化等同於國家，也不認為軍事上的勝利對文化具有什麼意義。此刻，他對德國的蔑視已經顯露，他無法繼續以德國人自居。在尼采身上，放棄舊信仰並沒有造成一種危機（導致危機或斷裂的，毋寧是一個新觀念的啟發與展現）。放棄不構成他的問題。我們沒有什麼必要去懷疑尼采在《瞧！這個人》（*Ecce Homo*）中所說的，儘管他來自牧師家庭，無神論（l'athéisme）對他而言才是自然而然的、本能的（instinctif）。不過，尼采開始越來越孤獨。

下，將降下無盡災難，一向敬神的忒修斯害怕神遷怒於他，無奈地將哀傷的雅莉安留在島上。參見古斯塔夫・施瓦布（Gustav Schwab）《希臘的神話和傳說》，譯林出版社，南京，二〇一〇年。

一八七一年，他寫作《悲劇的誕生》（*La Naissance de la Tragédie*），真正的尼采就從華格納與叔本華的面具底下透顯出來。文獻學界對此書評價不佳。尼采感受到自身與周遭關係的不合時宜（l'Intempestif），理解到個人思想家與公立教授（professeur public）身分間的扞格。在一八七五年出版的《不合時宜的思考》（*Considérations intempestives*）第四卷〈華格納在拜魯特〉（Wagner à Bayreuth）一書當中，他對華格納的不以為然終於明確地表露出來。尼采出席了拜魯特音樂節的開幕，當中他所感受到的遊藝會式氛圍、官方的陣仗、發表的言論、以及老皇帝[5]之蒞臨等，在在都讓尼采作嘔。朋友們從文章中所看到的則是尼采的轉變，紛紛對此感到驚訝。尼采開始對實證科學、物理學、生物學及醫學越來越感興趣。他的健康出問題：頭痛、胃痛、眼疾、以及言語障礙。他停止教學工作。「疾病將讓我慢慢解脫：它為我免去

5. 譯註：指威廉一世（Wilhelm I，一七九七～一八八八年），一八六一年起擔任普魯士國王、一八七一年德國統一後即位首任德意志帝國皇帝，至逝世為止。

了斷然的決裂、以及所有激烈而艱難的舉措，疾病賦予我徹底改變一切習慣的權利。」正如華格納對於具有教授身分的尼采是一種補償，華格納症（le wagnérisme）也隨著教職之告終而退去。

*

多虧了他最忠實又最聰明的朋友奧瓦貝克[6]，一八七八年尼采才能獲得一份撫恤金（pension），尼采從此展開了浪跡天涯的生活：一道影子（ombre）、簡單住所的房客，尋找著宜人的氣候，瑞士、義大利及法國南部，尼采的足跡從一處踏到一處。時而孤單一人、時而成群結伴（瑪爾維達．馮．梅森堡[7]，也曾是華格納的支持者；彼得．加斯特[8]，尼采的學生，也是尼采認為可以取代華格納的音

6. 譯註：法蘭茲．奧瓦貝克（Franz Camille Overbeck，一八三七～一九〇五年），德國神學家，尼采於巴塞爾大學的友人。

7. 譯註：瑪爾維達．馮．梅森堡（Malwida von Meysenbug，一八一六～一九〇三年），德國作家。

8. 譯註：彼得．加斯特（Peter Gast）本名約翰．科斯利茲（Johann Heinrich Köselitz，一八五四～一九一八年），德國作家及作曲家，彼得．加斯特是尼采為他所取的名字。

樂家；保羅．瑞[9]，他對自然科學的興趣及對道德問題的探究與尼采有志一同）。尼采偶爾回到自己的瑙姆堡老家。在義大利蘇連多（**Sorrente**），尼采最後一次見到華格納，此時華格納變得既國族主義又虔誠。一八七八年，尼采出版《人的、太過於人的》（*Humain, trop humain*），他火力全開、展開對價值的批判，開啟了他的獅子時期。朋友們無法理解尼采、華格納攻擊他。特別是他病得越來越重，「不能閱讀！除了極少數的情況，不能寫作！不與人來往！不能聽音樂！」一八八〇年尼采描述了他當時的狀態：「無止盡的痛苦，每天好幾個小時持續處於有如暈船般的狀態，局部的癱瘓讓我言語困難，還有幾次猛烈的發作，讓我暫時忘掉這些（最近的一次，我嘔吐了三天三夜，但求一死……）。如果你們容許我描述沒完沒了的這一切，還有頭部及眼睛持續而劇烈的疼痛、以及從頭到腳全身癱瘓的感

9. 譯註：保羅．瑞（Paul Ludwig Carl Heinrich Rée，一八四九～一九〇一年），德國哲學家及作家。

覺。」

在怎樣的意義上，疾病——或甚至瘋狂——出現在尼采的作品裡頭？沒有，尼采未曾從中獲得靈感來源，尼采未曾將哲學視為可以從痛苦、不適或焦慮當中發展的——雖然哲學家、尼采眼中的哲學家，總會受盡超乎尋常的痛苦。然而，他也不把疾病視為一種從外在而影響身體—客體（corps-objet）及腦部—客體（cerveau-objet）的事件。經由疾病，他所看到的毋寧是關於健康的一種**觀點**；而透過健康，則看到關於疾病的一種**觀點**。「在疾病當中，觀察更健康的概念、更健康的價值，然後反過來、從一個富足、飽滿、安穩生命的高處，俯視衰敗本能（l'instinct de décadence）的隱蔽作用。這就是我最經常自我訓練的練習……」對思想主體（le sujet pensant）而言，疾病既非一種動機（un mobile），亦非一種思想的對象：疾病毋寧涉及同一個個體自身當中的一種隱蔽的交互主體性（intersujectivité）。疾病如同對健康的評價，健康的狀態則有如對疾病的評價：這就是尼采所說的「翻轉」（renversement）、「**觀點的位移**」（*déplacement des perspectives*），尼采將之視為他方法上及他對價值蛻變（transmutation）的使命上最根本之處（l'essentiel）[10]。甚且，跟表面上給人的印象不一樣，在兩種觀點之間、在兩種評價之間並不存在著交互性（réciprocité）。從健康到疾病、從疾病到健康，這不過是發生在觀念層次上的事情（en idée），這種動態（mobilité）本身就來自更高層次的健康。這樣的位移、這位移當中的輕盈性（légèreté），是尼采所說的「整體健康」（la grande santé）的表現。這也是何以尼采可以說出這麼極致的話（亦即在一八八八年）：我是病患的相反。打從根本上說，我好得很呢。我們不該以為一切以糟糕的方式結束，因為陷入癡呆狀態

10. 原註：參《瞧！這個人》，〈為何我是如此地具有智慧！〉（Pourquoi je suis si sage !），一。

(démence)的尼采正是先喪失了這種動態、這種位移的技藝(art du déplacement),從而不再能夠**仰賴他的健康**讓疾病成為一種關於健康的觀點。

在尼采身上,一切都是面具(masque)。他的健康是他的稟賦(génie)的第一道面具;他的病痛則是第二道面具,同時是對其稟賦及健康而言的面具。尼采不相信一個大我的統一性(l'unité d'un Moi),他感受不到這樣的東西:而是存在於不同的「小我」(moi)之間微妙的權力(puissance)與評價關係,這些不同的「我」隱藏著、但也表現出另一種性質的力量(forces),如生命的力量、思想的力量等——這就是尼采的想法及活著的方式(manière de vivre)。華格納、叔本華、甚至保羅.瑞,尼采都曾經將他們當成自己面具活著。一八九〇年以後,若干朋友(奧瓦貝克、加斯特)認為,尼采的癡呆是他最後一道面具。尼采曾寫過：「有時瘋狂本身也是一道面具，掩飾著一個無可避免又太過清楚的認識。」然而實際上不是如此，只是因為瘋狂意味著這些已經停止相通（communiquer）及位移的面具被一種死亡的僵硬（rigidité de mort）所吞噬。在尼采哲學最巔峰的幾個時刻裡，他在一些頁面上寫到用面具隱藏自己的必要性、面具的德性（vertu）與積極性、以及它們最終的訴求（instance ultime）。尼采的雙手、雙耳及雙眼曾是他的美（尼采慶幸自己所擁有的一副耳朵，他認為這一對小小的耳朵有如通達酒神戴奧尼索斯的祕密迷宮）。然而，在這第一道面具之上，尼采還有另一道面具，就是那片大鬍鬚。「給我、我請你給我、給我……——那麼，給你什麼？——另一道面具、第二道面具。」

*

在出版《人的、太過於人的》（一八七八年）之後，尼采繼續他火力全開的批判工作：《浪跡者及其影子》（*Le Voyageur et son ombre*，一八七九年）、《曙光》（*Aurore*，一八八〇年）。他準備要寫《歡愉的智慧》（*Le Gai Savoir*），然而某種新的東西冒了出來，一種高亢（exaltation）、一種飽滿（surabondance）：如同尼采被拋擲到了一種境界，在此評價改變意義、在此疾病被從一種奇特健康（une étrange santé）的高度來予以看待。儘管他的痛苦持續著，但它們常由身體上出現的一種「狂喜」（enthousiasme）所主宰。此刻尼采處於他的巔峰狀態，並與一種威脅感（sentiment de menace）有關。一八八一年八月，在瑞士的錫爾斯—瑪麗亞（Sils-Maria），尼采正沿著席瓦帕納湖畔（Silvaplana）走著，他產生了永恆的大寫回歸（l'éternel Retour）震撼的感悟（révélation），並成為《查拉圖斯特拉如是說》一書寫作的靈感。一八八三年到一八八五年之間，他完成了此書的一到四卷，並留下其後續作品的筆記。尼采把批判的力道提高到前所未有的地步：他以此作為價值「蛻變」的武器，以「否」（le Non）來服務於一種更高的肯定（《超越善惡》〔*Par-delà le Bien et le Mal*，一八八六年〕、《道德系譜學》〔*Généalogie de la Morale*，一八八七年〕）——這是第三個變形，或者說生成—孩子（le devenir-enfant）。

然而，此時尼采也處在焦慮及強烈的挫折中。一八八二年，他與露．馮．莎樂美[11]有過一段感情上的插曲。露．莎樂美是一位年輕的俄羅斯女孩，當時與保羅．瑞生活在一起。在尼采眼裡，她既是一位理想的門徒又是一位可以愛的人。依循著他有過經驗的情感模式，透

11. 譯註：露．馮．莎樂美（Lou von Salomé，一八六一～一九三七年），心理分析家、作家。

過友人居中，尼采很快地向露・莎樂美提出了結婚的請求。尼采夢想著，他一如戴奧尼索斯，在忒修斯的同意下，將雅莉安擁入懷中。忒修斯是「高等人」（l'Homme supérieur），具有父親的形象——對尼采而言，這就有如原先的華格納，只是當年尼采不敢對柯西瑪—雅莉安僭越一步。然而在保羅・瑞身上、以及在其他朋友身上，尼采將他的忒修斯對號入座，他們是比較年輕、沒那麼巨大的父親[12]。戴奧尼索斯是在高等人之上，就有如尼采之於華格納，而尼采之於保羅・瑞則更是如此了。當然，這個奇想最終以失敗畫下句點，雅莉安所愛的依舊是忒修斯。以瑪爾維達・馮・梅森堡為首，加上露・莎樂美、保羅・瑞、以及尼采，他們形成了一個獨特的四人組，共同生活裡交織著分歧與和解。尼采的妹妹伊莉莎白佔有慾重、忌妒心強，她用盡一切辦法要拆散這四人組。她如願以償。對於這個妹妹，尼采既無法甩

12. 原註：早在一八七六年，尼采便透過友人雨果・凡・森傑（Hugo von Senger）居中傳話，向一位已有婚約的年輕女孩表達結婚之意。

開她，同時也無法減少對她的嚴詞批評（「一些像我妹妹這樣的人，他們始終是我思考方式及哲學上的死對頭，水火不容」；「我不喜歡跟你一樣的那些靈魂，我可憐的妹妹呀」；「對於你那喋喋不休、過火的道德說教，我受夠了」）。露．莎樂美雖然沒有接受尼采的愛，不過她後來寫了一本關於尼采非常精采的書[13]。

尼采感到越來越孤獨。得知華格納過世，他重新燃起對柯西瑪的雅莉安情愫。一八五五年，伊莉莎白與佛爾斯特（Forster）結婚。佛爾斯特是華格納的支持者、反猶太分子、以及普魯士國族主義者，他準備與伊莉莎白一同遠赴巴拉圭，建立一個純種亞利安人的移民區。在妹妹的婚禮上，尼采缺席了，他無法忍受這位大塊頭的妹婿。對著某位種族主義者，尼采寫到：「請您停止繼續寄出版品給我，我恐怕會失去耐性。」——尼采的身體時好時壞，而且好壞交替的頻率也越

13. 原註：露．莎樂美，《弗里德里希．尼采》（Frédéric Nietzsche），一八九四年，法譯本 Grasset 出版。

來越高。有時候，一切顯得都很完美：他的裁縫師、他的食物、對訪眾的接待、他自認在商店裡展現出的魅力；有時候，低落抑鬱的情緒向他襲來：沒有讀者、死亡和背叛的感覺。

進入了偉大的一八八八年：《偶像的黃昏》（*Le Crépuscule des Idoles*）、《華格納事件》（*Le Cas Wagner*）、《反基督》（*L'Antéchrist*）、以及《瞧！這個人》相繼出版。一切看來有如尼采創造力的迸發，在倒下前最後一次的躍起。在這些尼采寫來收放自如的著作中，尼采說話的語氣也變了：一種前所未有的暴烈（violence）、一種新的幽默，如同一齣超人（Surhumain）喜劇。一方面尼采從他身上樹立起一個世界級宇宙級的挑釁形象（「**有一天，對任何美好事物的回憶均將與我有關**」；「**只有從我這裡開始，這世界才有了偉大的政治**」）；但同時也專注在當下片刻，關心馬上將至的成功。從一八八八年底起，尼采開始寫一些古怪的信件。在給史特林堡[14]的信上，他寫到：「我在羅馬召集了一個君主們的會議，我想處決年輕的德意志皇帝。再會！因為我們會再相見。不過有一個前提：我們離婚吧……——尼采—凱薩（Nietzsche-César）」。一八八九年一月三日在義大利杜林，尼采的情況變得更為嚴重，尼采信上就署名戴奧尼索斯或耶穌基督、或者兩者兼有。在給柯西瑪．華格納的信上，尼采說：「雅莉安，我愛你——戴奧尼索斯」。奧瓦貝克趕到杜林，找到了精神失常、情緒激動的尼采，他設法將尼采帶回瑞士巴塞爾，尼采在此終於平靜下來並接受住院安排，院方診斷為麻痹性痴呆（paralysie progressive）。尼采的母親再轉送他去德國耶拿。耶拿的醫生認定尼采的問題可能與梅毒感染有關，時間上溯到一八六六年（這與尼采的一次表明有關嗎？年輕的尼采跟友人杜森（Deussen）[15]講述過他的一段

14. 譯註：奧古斯特．史特林堡（Johan August Strindberg，一八四九～一九一二年），瑞典劇作家、小說家、詩人。

15. 譯註：保羅．杜森（Paul Deussen），尼采在普夫達中學認識的朋友。

令人好奇的冒險經歷，一臺鋼琴救了他。在《查拉圖斯特拉如是說》中的一段文字裡，尼采說到「身處在沙漠之女中」，應該從這個角度來考量。）時而平靜、時而發作，此時尼采還有能力演奏音樂，但應該已經將自己的作品都忘得一乾二淨了。尼采的母親接他回家休養。一八九〇年末，伊莉莎白從巴拉圭返回德國，尼采的病情緩慢地持續惡化，直到完全失去知覺、進入彌留狀態。一九〇〇年，尼采死於威瑪[16]。

雖然無法完全確定，但麻痹性痴呆的診斷是有可能的。問題毋寧是：一八七五年、一八八一年及一八八八年出現的症狀是否屬於同一份病歷表？是相同的病？答案很可能是肯定的。尼采所罹患的是癡呆（démence）或是精神疾病（psychose）並不太重要。我們已經看到是在怎樣的意義上疾病、甚至是瘋狂也出現在尼采的作品中。麻痹性

16. 原註：關於尼采的疾病，請參考波達赫（E. F. PODACH）的《尼采之崩潰》（*L'effondrement de Nietzsche*），法譯本由 N.R.F. 出版。

痴呆的發作標誌著疾病已經走出尼采的作品、阻斷了作品，更使作品無法再繼續。尼采最後寫的信見證了這個極端的時刻；這些信還包含在他的作品中，構成了作品的一部分。當尼采還操持著觀點位移的技藝，從健康到疾病、從疾病到健康，儘管他生病，但仍享有著「整體健康」，因此他的作品才有可能。當位移的技藝不再、當那些面具在生理作用或其他作用之下消融在一張小丑及滑稽演員的面具上，疾病本身也與作品之終結相混淆了（尼采曾將瘋狂喻為一種「喜劇解答」〔solution comique〕，如同最終的滑稽〔bouffonnerie〕演出）。

伊莉莎白協助母親照顧尼采，她對尼采的疾病做出了一些虔誠的詮釋。她尖酸刻薄地批評奧瓦貝克，他則以相當有尊嚴的方式予以回應。伊莉莎白確實貢獻不少：她盡一切力量弘揚尼采思想，並在威瑪組織了尼采檔案中心（Nietzsche-Archiv）的工作[17]。但這些成就卻不

17. 原註：一九五〇年後，尼采的手稿被保存在威瑪的哥德—席勒檔案中心（Gœthe-Schiller Archiv）。

及她對尼采的背叛：她試圖讓尼采為納粹所用。這是尼采不幸命運的最後一記：私心濫用的親人總是與每個「受詛咒的思想家」（penseur maudit）如影隨形。

尼采的哲學

La philosophie

以下看法僅是針對本書後面選摘的尼采文本所提供的導論。

尼采在哲學中加入了兩種表達方式：箴言（aphorisme）及詩。這些形式本身涉及一種關於哲學的新概念、一種關於思想家及思想的新形象。尼采用**詮釋**（l'interprétation）及**評價**（l'évaluation）來取代認識（la connaissance）的理想及真實（le vrai）的發現。詮釋讓現象總是局部及片斷的「意義」（le sens）確立下來；評價則決定意義之「價值」等級（valeur hiérarchique），將片斷整合起來，同時不減弱也不消除其多元性（pluralité）。說得更明白些，箴言同時是詮釋的技藝（l'art d'interpréter）及需要詮釋之物（chose à interpréter）；詩同時是評價的技藝及需要評價之物。詮釋者是生理學家或醫生，他把現象看做是症狀（symptômes），透過箴言來表達；評價者是藝術家，他思量或創造「視角」（perspectives），以詩訴說。未來的哲學家是藝術家及醫生——一言以蔽之，未來的哲學家是立法者（législateur）。

哲學家的這種形象同時也是最古老、最悠久的。這是前蘇格拉底時期思想家的形象：「生理學家」及藝術家、世界的詮釋者（interprète）及評價者（évaluateur）。我們該怎麼理解這當中所顯現出的未來與初始之間的親近關係（intimité）呢？未來的哲學家（le philosophe de l'avenir）同時也是古老世界、山峰及洞穴的探索者，除了不停地回憶基本上已被遺忘的某個東西（quelque chose）之外並不創造。根據尼采，這個被遺忘的東西（ce quelque chose）就是思想與生命的統一性（unité）。一種複雜的統一：生命邁出一步，思想邁出一步。生命的模式（modes de vie）啟發思想的方式（façons de penser），思想的模式（modes de pensée）創造生活的方式（façons de vivre）。生命**激發**（activer）思想，然後輪到思想**肯定**（affirmer）生命。對於這種前蘇格拉底時期思想與生命的統一性，我們甚至連這樣的觀念也沒有了。我們有的只是一些例子，當中一些思想束縛及支解著生命、要生命安分下來，以及一些生命展開反擊、使思想發狂並與思想同歸於盡的例子。除了平庸的生命或瘋狂的思想家，我們別無選擇。一些生命對思想者而言太規矩，一些思想對生活的人而言太瘋狂：例如康德（Kant）與賀德林（Hölderlin）。然而，適合的統一猶待重獲，這樣瘋狂就不再是一種瘋狂——統一性把生命的一個插曲做成思想的一個箴言、把思想的一個評價做成生命的一個新視角。

這個前蘇格拉底時期哲學家的祕密以某種方式從一開始就喪失了。我們應該將哲學想作一種力量。力量的法則（la loi des forces）是：除非躲藏在既有力量（forces préexistantes）的面具之後，否則力量無法出現。生命首先要摹仿（mimer）物質。當哲學力量在希臘誕生之際，它亟需透過喬裝（se déguiser）來存續下來，哲學家亟需借

18. 譯註：瑣羅亞斯德（Zoroastre）為古代波斯帝國歷史上的一位宗教先知，瑣羅亞斯德教（Zoroastrisme）創立者，該教又稱拜火教、祆教等。

19. 譯註：赫拉克利特（Héraclite），西元前六～五世紀希臘思想家，他說：「人不能兩次踏進同一條河中」。他認為萬物永不止息地變化著，而火是萬物的基質，這個基質處於永恆的變動中，每一事物都會演變出對立面，每一事物都是對立性質的統一，因此不存在持久的性質，萬物既存在又不存在。他說：「戰爭是萬物之父、萬物之王。」萬

用既有力量的模樣，哲學家採用了祭司（prêtre）的面具。年輕的希臘哲學家帶著點東方老祭司的色彩。人們至今還分不清楚：瑣羅亞斯德[18]及赫拉克利特[19]、印度教徒（Indous）及埃利亞派哲學家[20]、埃及人及恩培多克勒[21]、畢達哥拉斯[22]及中國人——所有這一類可能的混淆。人們談到理想哲學家的德性（vertu）、禁慾主義、以及對智慧的愛。人們猜想不到躲藏在這副面具之下的這個危險存在之獨特的孤獨和感官性（sensualité）、以及遠非循規蹈矩的目的。因為哲學的祕密從一開始即喪失，它猶待在未來中發現。

因此，哲學注定在歷史中以退化（dégénérer）的方式、以轉身對抗自己的方式、以任其面具左右自己的方式發展。有別於主動的（active）生命及肯定的（affirmative）思想之間的統一，我們看到的是思想賦予自己的任務是審判（juger）生命、以偽稱的高等價值

物對立、衝突，在毀滅中創造、創造中毀滅，最終世界會回到火的最初狀態，一切重新開始。「事物的這一秩序既不是上帝也不是人制定的，它過去、現在和未來一直是永遠運動的火，這火根據這一確定的準則而燃燒和熄滅。」。在他看來，火就是理性、是邏各斯（logos）。參見弗蘭克．梯利（Frank Thilly）《西方哲學史》，賈辰陽、解本遠譯，北京，商務印書館，二〇一五年。

20. 譯註：埃利亞派（Eléates）活躍於西元前六～五世紀間，包括多位思想家，如被視為學派始祖的色諾芬尼（Xénophane）

（valeurs supérieures）來反對生命、以這些價值來度量及限制生命、譴責生命。如此，思想便同時成為否定的（négative），生命自我貶抑，不再是主動的，並退縮到生命最孱弱的形式中，唯有一些能跟所謂的高等價值相容的形式。這是「反動」（réaction）**對主動生命的勝利、否定對肯定思想的勝利**。對哲學而言，這樣的後果很嚴重，因為立法者哲學家（philosophe législateur）的兩種德性便是對一切既有價值的批判，也就是對那些高過於生命的價值、以及它們所依據的原理進行批判；以及對於新價值的創造，也就是生命的價值、以及它們所主張的不同原理的創造。也就是鐵鎚與蛻變。然而，在哲學退化的情況下，立法者哲學家讓位給臣服的哲學家（philosophe soumis）。有別於批判既有價值及創造新的價值及新的評價，出現的是既定價值的保守者（conservateur）。哲學家不再是生理學家或醫生而成了形上學家；哲

及主要人物巴門尼德斯（Parménide）。色諾芬尼的思想頗具神學色彩，認為神是宇宙的永恆原則，並強調神是一、是永恆不動的。巴門尼德斯反駁赫拉克利特萬物唯變的想法，主張一個永恆的、非起源於他物的、不變的存在者。變化只是感覺世界的幻覺。參前引書。

21. 譯註：恩培多克勒（Empédocle），西元前五世紀希臘思想家，他認為存在是永恆的，既無起源也無消亡，只存在著元素間的混合和分離，他主張萬物由土、氣、火、水四種元素所構成，而愛及恨則決定了元素間的分合。在宗

學家不再是詩人而成了「公立教授」。他自稱臣服於真實（le vrai）及理性（la raison）的要求；不過在理性的要求之下，我們時常看到一些並不是那麼理性的力量，如國家、宗教、主流價值。哲學僅僅是人為了臣服而為自己找來的全部理由的盤點。哲學以真理之愛為號召，但是這種真理無關痛癢（**「這種真理總是與人為善、性喜安逸，並且不斷地向一切既有權力保證它絕不找麻煩，因為說穿了它只是個純粹科學」**[23]）。哲學根據生命承擔重量、背負重擔的能耐來評價它，而這些重擔、重量就是那些高等價值。這就是沉重精神（l'esprit de lourdeur），它將背負者（porteur）及所背負的東西（porté）聚集在同一片沙漠中：反動與被貶抑的（déprécié）生命、否定與貶抑性的（dépréciant）思想。如此，人們有的只是一種批判的錯覺及一個創造的幻想。因為對於創造者而言，再也沒有比背負者更為對立的。創造

教思想方面，他宣揚人的墮落及靈魂的輪迴（以上參前引書）。四元素說亦廣泛存在於非西方思想中。如古埃及神話中便有風、雨、大地、穹蒼四種神祇相應於四種元素。

22. 譯註：畢達哥拉斯（Pythagore），西元前六世紀的希臘數學家、思想家、神祕主義者，畢氏定理便是以他命名。思想上著重在從數字及其關係中發現萬物的原理。曾在義大利南部建立起一個揉合學習、倫理、宗教及政治性的團體，頗具神祕色彩，其成員共同生活在一起，有如一個大家庭，並鑽研藝術、工藝，研究音樂、醫學、特別是數學，

是減輕、卸去生命的負擔、發明生命的新可能。創造者是立法者——舞者。

在蘇格拉底手上，哲學的退化（dégénérescence）明確表現出來。假如我們藉由兩個世界的區別、藉由本質與表象、真與假、理性與感性的對立來定義形上學的話，那麼我們可以說是蘇格拉底發明了形上學：他讓生命成為需要受到審判、度量及限制的東西，讓思想成為一種度量、一種限制，並以高等價值之名來進行——包括神（le divin）、真、美、善……。在蘇格拉底手上，出現了一種自願地及巧妙地臣服的哲學家類型。讓我們跳過許多個世紀、繼續下去。誰相信康德在哲學中恢復了（restaurer）批判、取回了立法者哲學家的想法呢？康德戳破了知識上的那些虛假要求，卻沒有質疑認識的理想；他戳破了虛假的道德，卻沒有質疑道德性（moralité）的要求，也沒有質

強調人應當自我控制，尊敬長輩、老師和國家。

23. 原註：參見《不合時宜的思考》第四卷〈叔本華教育者〉（Schopenhauer éducateur）第三章。

24. 譯註：由費爾巴哈所提出的概念，馬克思在《一八四四年經濟學哲學手稿》（*Economic and Philosophic Manuscripts of 1844*）中予以採用，並提出其見解：「人是類存在，這不僅因為在實踐及理論上人都把類（genre）當作其對象（objet），無論是自己的類或其他事物的類，更且——這只是同一件事情的另一種說

疑其價值的本質與來源。他責難我們把不同的領域混為一談、將不同的旨趣（intérêts）混為一談；不過，這些領域依然維持不變，理性的旨趣依然崇高（真知識、真道德、真宗教）。

辯證法（la dialectique）延伸了這種騙術（tour de passe-passe）。辯證法是促使我們重獲被異化屬性（propriétés aliénées）的技藝。一切回到精神（l'Esprit），它既是辯證法的動力也是辯證法的產物；或者一切回到自我意識（la conscience de soi）；或甚至一切回到作為類存在（être générique）[24]的人。但假如我們的屬性（propriétés）本身表達出一個萎縮的生命及一種受到支解的思想，取回它們或成為它們的主體對我又有何用呢？當人們內化了祭司、當人們將祭司置於信徒身上，人們通過宗教改革的方式剷除了宗教本身嗎？人們把人放在神的位置上、當人們把最關鍵的保留下來——也就是說這個位置，人們殺死了

法——因為他視自己為當下活著的類（genre actuel vivant）、因為他視自己為一種普遍因而也是自由的存在。」馬克思也將自由自覺的活動作為人的類本質，勞動、生產是人的類生活。人在勞動中與其類本質相悖離，便出現了異化的問題。

神嗎？唯一的改變是：有別於由外而加上的負荷，人自己搬起重物放在他的背上。未來的哲學家，也就是醫生－哲學家，將在不同的症狀之下診斷出同一種惡（mal）的連貫性：價值可以改變，人將自己放在神的位置上，進步、幸福、效用取代了真、善或神——但骨子裡卻沒變，也就是說這些無論是舊的或是新的價值所依據的觀點或評價。人們總是引導我們去臣服、負重、只去接受生命的反動形式及思想的控訴形式。當我們無意繼續如此、當我們無法再背負高等價值，人們再讓我們接受「如其所是的真實」（le Réel tel qu'il est）——然而，這**如其所是的真實正是高等價值把現實加工所做成的產物！**（甚至，存在主義今日仍抱持著一種讓人錯愕的對於背負及承擔〔assumer〕的偏好，這是一種屬於辯證法的偏好，將存在主義與尼采區分開來。）

尼采是第一個告訴我們殺死神不足以促成價值蛻變的人。在尼采的作品中，關於神之死，存在著不同的版本、至少有十五種左右，每一個皆具有不凡之美[25]。不過，更進一步說，根據其中最美的版本之一，殺死神的兇手是「最醜陋的人」（le plus hideux des hommes）。尼采想說的是，當不再需要外在的法庭，人自己禁止過往受到禁止的、自發地為自己加上不再是由外而來的警察與重擔，人讓自己更醜陋了。綜合上述，從蘇格拉底派哲人到黑格爾主義者，哲學史只是漫長的人類臣服歷史、以及人找理由為之合理化的歷史。這個退化的運動影響所及不僅限於哲學，它更表現出歷史最普遍的生成（devenir）及最基本的範疇（catégorie）。它所涉及的不是歷史當中的一個事實，而是歷史本身的原理，絕大部分的事件由此而來，它們又決定了我們的思想及生命，分解（décomposition）的種種症狀。以至於真正的哲學、如同未來的哲學，它既非更加歷史的、亦非更加永恆的：它應該

25. 原註：人們有時將標題為〈失去理智的人〉（L'Insensé）的文本（《歡愉的智慧》，第三卷；第一二五節）引述為神之死的第一個重要版本。實情並非如此：《浪跡者及其影子》包含了一個標題為〈囚犯〉（Les prisonniers）令人讚賞的敘述。也對照稍遠處編號十九的「尼采文摘」文段，此文與卡夫卡（Kafka）之間有著神祕的共鳴。

是不合時宜的、永遠不合時宜的。

*

詮釋是決定一個現象的意義。說得更明白，意義存在於諸力關係（rapport de forces）之中，根據這種諸力關係，在一個複合而層級化的整體（un ensemble complexe et hiérarchisé）當中，一些力量主動（agir）、一些力量反動（réagir）。無論一個現象如何地複雜，我們可以清楚地區分主動的、首要的、征服的與支配的力量，以及反動的、次要的、適應的與調整的力量。這種區分不只是定量的（quantitative）區分，也是定性的（qualitative）及類型上的（typologique）區分。因為力量的本質是與其他力量的關係；在這個關係中，力量獲得它的本質或性質。

力量本身與力量本身的關係（le rapport de la force avec la force）稱為「意志」（volonté）。這是為什麼我們首先應該要避免對於尼采的權力意志（volonté de puissance）原理產生恰好相反的誤解。這個原理並不是指涉（至少不是一開始便如此指涉）意志**意欲**權力或**欲求**宰制。一旦我們從「宰制的欲求」（désir de dominer）的角度來詮釋權力意志，我們必定使它依賴於既有價值，唯有這些價值才適於決定在每一種情況中、在每一種衝突中什麼東西該「被認為」是最強的。以此方式，我們沒弄清楚權力意志的本質是我們所有評價之塑造的原理（principe plastique）、是創造尚未獲得認定之新價值的隱藏原理（principe caché）。尼采說權力意志與覬覦、拿取無關，而是涉及**創造**、**給予**[26]。如同權力意志，權力（la Puissance）不是意志所意

26. 原註：參照本書「尼采文摘」廿五。

欲的東西（ce que veut），權力是在意志當中意欲著什麼的這個東西（ce qui veut）（戴奧尼索斯本人）。權力意志是差別元素（élément différentiel），在場的力量（les forces en présence）及它們在複合整體（complexe）中的個別性質都來自於此。它也總是被顯現為一個動態的（mobile）、輕盈的（aérien）、多元的（pluraliste）元素。以權力意志為依據，力量發號施令；然而同樣也依據它，力量服從命令。力量的這兩種類型或性質對應著權力意志的兩副面貌、兩種意質[27]（qualia），它們是終極的（ultimes）及動態的（fluents）特性，較諸從中所衍生出力量的特性更為深邃。因為權力意志致使主動力量肯定，並且肯定它們所各具的差異：在這些力量上頭，肯定總是優先的、否定永遠是後果的，如過多的享樂。相反地，反動力量的本質是反對它們所不是的、是限制他者（l'autre）：在此，否定是優先的，

27. 譯註：拉丁文qualia指性質，在關於感知的哲學討論中，運用來指涉主觀感受到的內容，在這個用法下一般譯為「感質」，以相對於具客觀色彩的「性質」。德勒茲在此運用這個字，目的也是為了與性質（qulité）這個字區別，至於他所賦予的意思則要回到權力意志就是「權力是在意志當中意欲著什麼的這個東西」（ce qui veut）這一點上來看，因此絕非客觀的東西。在正文中，對於qualia，德勒茲說這是「終極的與動態的特質」。根據這樣的意涵，我們將這個字暫譯為「意質」，這個意對應著意欲、意志而說的。

並且是透過否定，反動力量做出肯定的模樣。肯定與否定因此是權力意志的意質，如同主動的及反動的是力量的性質。同樣地，詮釋在力量中找到意義之原理，評價在權力意志中找到價值之原理。最後，與前面用語的思考有關，我們要避免將尼采的思想化約為一種簡單的二元論。因為，正如我們接下來將會看到的，肯定基本上是多重複合的（multiple）、多元論的（pluraliste），而否定基本上是單一的（une）、或者很大的程度上是一元論的（moniste）。

然而歷史讓我們面對最為奇怪的現象：反動力量獲得勝利；在權力意志中，為否定取勝！其所牽涉的不僅是人類的歷史，也是生命的歷史、地球的歷史，這至少就由人所居住的地球表面上是如此。在各處我們看到「否」勝過了「是」，反動（la réaction）勝過了主動（l'action）。甚至，生命也變成適應的（adaptative）、調整的

（régulatrice），化約於生命次一級的形式上（formes secondaires）：我們甚至不再瞭解主動意味著什麼。甚至地球的力量也日漸枯竭中，表現在這遭受浩劫的表面上。對於這種反動力量及否定意志的共同勝利，尼采稱作「虛無主義」（nihilisme）——或者奴隸的勝利。根據他的看法，針對虛無主義進行分析是**心理學**的目標，該注意的是這種心理學也是宇宙（cosmos）的心理學。

對於力量或意志的哲學而言，似乎難以說明為什麼反動力量、為什麼那些「奴隸」、「弱者」能夠獲勝。因為，如果單是他們通通加在一起，便形成一個比強者的力量還更強大的力量的話，我們實在無法明白當中是什麼東西產生變化、而定性評價又何以立足。然而，弱者、奴隸實際上並不是靠著力量相加而獲勝，而是透過削減他者的力量來達成：他們將強者與其所能（ce qu'il peut）加以分開。

他們獲勝，不是靠著權力的組合，而是靠著他們感染（contagion）的權力。他們導致所有力量的反動—生成（un devenir-réactif），這就是「退化」。尼采曾經指出生存鬥爭、自然選擇（sélection naturelle）的準則必然有利於弱者及病者，也就是「次等人」（les secondaires）（我們稱呼那些將其生命簡化為反動過程的人為病人）。更重要的一點是，在人類的情況中，歷史的準則有利於奴隸。讓虛無主義得以勝利的，是整個生命的病態—生成（un devenir-maladif）、所有人的奴隸—生成（un devenir-esclave）。同樣地，我們應該也要避免對於尼采的「強者」、「弱者」、「主人」及「奴隸」等用詞產生誤解：很清楚的是，作為奴隸，奴隸總是握緊權力的，而弱者也不等同於弱小的人。即便反動力量獲勝，也不改其反動性。因為，根據尼采的見解，在所有的事情上，當中所涉及的是一種定性的類型學（typologie qualitative）、所涉及的是卑賤（bassesse）與高貴（noblesse）。我們的主人是在一個普遍性的奴隸─生成中獲勝的奴隸：歐洲人、被馴化的人、小丑（bouffon）……尼采將現代國家描繪成蟻穴，其中的頭目及權勢者靠著卑賤而取勝、靠著感染這種卑賤及滑稽（bouffonnerie）而取勝。無論尼采有多複雜，讀者可以輕易地料想到他會將納粹所主張的「主人」的種族（la race des «maîtres»）歸入在哪一個範疇之下（也就是說哪一個類型當中）。當虛無主義獲勝，此時且唯在此時權力意志不再意味著「創造」，而是表示著：意欲權力、欲求宰制（因此將既有價值，如金錢、名譽、權力……歸給自己，或使之歸屬自己）。這種的權力意志確切地說是奴隸的意志，它是奴隸或無能者（impuissant）構想權力的方式、是他自己對於權力的觀念、是**當他贏的時候就拿來施行**（il applique quand il triomphe）的觀念。病人有時會說：唉！假如我能健健康康的，我就會做這兒做那兒——或許他會這麼做——但是，他的計畫與構想仍不脫是病人的計畫與構想，這些只可能是病人的。奴隸的情況也是一樣，他對主人或權力的構想也是如此。反動的人（l'homme réactif）以及他對於行動的構想也是這樣。到處都出現價值及評價的顛倒，到處都以狹隘的目光來睥睨事情，如同牛眼所見的顛倒形象。尼采所說過一句最不凡的話是：「我們永遠要反對弱者來捍衛強者。」

接下來我們逐一指出人的世界中虛無主義獲勝的幾個階段，它們是尼采心理學的重要發現，構成了深層類型學（typologie des profondeurs）的範疇：

一、怨恨（le ressentiment）：這是你的錯、這是你的錯……投射的（projective）控訴及指責。假如我是弱者及不幸的人，這是你的錯。反動生命逃避主動力量，反動停止被「動」（être《agie》）。反動成為某種感受的東西（senti），如「怨恨」，它作用著以對抗任何主動的東西。人們讓主動成為「羞愧」的：生命受到控訴，拿走它的權力，取走它的所能（ce qu'elle peut）。羔羊說：我可以做所有老鷹會做的事，但我有本事不這麼做，老鷹應該像我這樣做……

二、愧疚（la mauvaise conscience）：這是我的錯……這是內射（introjection）[28]的時刻。讓生命中了圈套之後，反動力量可以作用在自己身上，它們內化了過錯，它們自稱有罪，它們轉身反對自己。但是這麼做，它們做出了榜樣，值得整個

28. 譯註：內射（introjection），心理學概念，指把外界的價值觀或標準納入自我當中，即吸收別人的價值觀或標準。

生命都來加入它們，它們獲得了最大的感染力——它們構成了反動陣營。

三、禁慾理想（l'idéal ascétique）：這是昇華（sublimation）的時刻。弱者或反動生命所意欲的就是否定生命。它的權力意志是虛無（néant）的意志，這是它致勝的條件。以顛倒的方式，虛無的意志只能容忍弱的、支解的、反動的生命：與零相差無幾的狀態（des états voisins de zéro）。這樣，擔憂的聯盟（l'inquiétante alliance）就締結而成了。人們依據所謂的高於生命的價值來審判生命：這些虔誠的價值反對生命、譴責生命、把生命導向虛無；它們只對生命最反動的、最弱的以及最病態的形式給予救贖的許諾。這就如同虛無—神（Dieu-

Néant）與反動—人（Homme-Réactif）之間的聯盟。如此，一切都被顛倒：奴隸自稱主人，弱者稱強者，卑賤自名高貴。人們說某某人是強者、高貴之人，因為他承擔：他承擔「高等」價值之重量，他覺得這是他的責任。甚至生命，尤其是生命，在他看來是難以承擔。評價遭到如此的扭曲，人們看不出來承擔者就是奴隸，他所承擔的就是奴隸制度（esclavage），而搬運夫（portefaix）不過是擔弱之人（porte-faible）——創造者的相反、舞者的相反。因為，事實上，人們是因為弱而承擔，人們只在虛無的意志之下才承擔（參照《查拉圖斯特拉如是說》中的小丑（le Bouffon）；以及驢子的角色）。

根據尼采，上述的這些虛無主義階段對應於猶太教、接著是基督教。但是在很大的程度上它已經由希臘哲學所預備好了，也就是由希臘所發生的哲學退化所準備著。更廣地來說，尼采指出這些階段也關聯上思想主要範疇的創生（genèse）：我、世界、神、因果關係、目的等——不過，虛無主義的腳步並不止於此，它繼續向前，它造就了我們整個歷史。

四、神之死（la mort de Dieu）：這是取回（récupération）的時刻。在很長的一段時間裡，神之死看起來是一樁發生在宗教內部的慘劇（drame intrareligieux），如同發生在猶太教神與基督教神之間的一個事件，以至於我們搞不清楚到底是由於大寫的父親（le Père）的怨恨而大寫的兒子（le Fils）死了，還是大寫的父親以死來促成大寫的兒子的獨立（並成為「世界的」〔cosmopolite〕）。不過，聖保羅（saint Paul）將基督教奠基在基督是為了人類罪過而死的觀念上。到了宗教改革時期，神之死越來越被認為是神與人之間的事，直到最後人發現自己才是殺死神的兇手，並願意如此接受，承擔起這個新的重量。人意欲的是神死之後順理成章的結果：人變成神，取而代之。

尼采的想法是，儘管神之死是一件引起軒然大波的重大事件，但事情還沒有結束，因為「虛無主義」猶在，幾乎連形式都沒有什麼改變。如我們在前文中所見，過往虛無主義指：以高等價值之名，對生命加以貶抑及否定；現在它指：否定這些高等價值，取而代之的是人的價值——太過於人的價值（道德取代宗教；效用、進步及歷史本身取代神聖的價值）。什麼都沒有改變，因為依舊是同樣的反動生命、同樣的奴隸制度，過往它在神聖價值的庇護之下獲勝，現在它仰賴人類價值得勝。同樣的承擔者，同樣的驢子，過往它扛著不凡聖物的重量，並在神的面前許諾；現在，它自行承擔，以向自己負責（autoresponsabilité）的方式扛著。在虛無主義的沙漠中，人們甚至又向前跨了一步：人們宣稱他們所擁抱的是完整的大寫的現實（la Réalité），然而實際上人們所擁抱的只是高等價值所遺留之物：反動力量及虛無意志的殘餘。這是何以尼采在《查拉圖斯特拉如是說》第四卷中描繪出他稱作「高等人」（Hommes supérieurs）的這類人的巨大不幸，他們意欲取代神，擔起人的價值，甚至相信找到了大寫的現實，取回了肯定之意義，然而他們唯一可以得到的肯定只是驢子的「是」，伊—呀，也就是自行承擔著虛無主義所結之果的反動力量，每次承擔著否、卻自以為是的反動力量（兩位針對大寫的是與大寫的否、以及它們的本真性〔authenticité〕或神祕化〔mystification〕進行深刻省思的現代作家為尼采與喬伊斯[29]）。

五、最後的人與尋死的人：這是結束（la fin）的時刻。神之死是一個意義及價值懸而未決的事件。只要我們不改變評價的原理、只要我們用新的價值取代舊的價值，那麼這意味的只是反動力量與虛無意志的新組合方式，而一切都不會有所改變，我們也將繼續停留在**既經確立的**價值主宰下。我們很

29. 譯註：詹姆斯・喬伊斯（James Augustine Joyce，一八八二～一九四一年），愛爾蘭作家、詩人，代表作包括《都柏林人》（一九一四年）、《一個青年藝術家的畫像》（一九一六年）、《尤利西斯》（一九二二年）及《芬尼根的守靈夜》（一九三九年）。

清楚一些價值誕生時就是老的，它們從誕生以來表現出的是順從性、循規蹈矩（conformisme）以及無力擾動一切既經確立的秩序。然而，每走一步，虛無主義也前進一些，空虛（inanité）也益顯壯大。因為在神之死事件下所出現的，是反動的力量與虛無的意志之結盟，也就是反動的大寫的人與虛無的神之結盟方式正在崩裂：人已然宣稱可以擺脫神，自己可以取代神。尼采的概念皆屬於無意識的範疇。重要的是，這個慘劇在無意識中所進行的方式：當反動的力量聲稱可以擺脫「意志」，它們在虛無的深淵中越走越深，它們在一個日益剝除價值的世界中越走越遠，無論剝除的是神聖的價值或是人的價值。脫離了高等大寫的人，接著**最後的人**（le dernier homme）出場，他說：一切皆空，寧可消極地**寂滅！**與其是虛無的意志，寧可是意志的虛無（**néant de volonté**）**！**但是在這種斷裂的推波助瀾之下，輪到虛無的意志轉身對抗反動的力量，變成否定（**nier**）反動的生命本身的意志，並且啟發人類主動自我毀滅的渴望。因此在最後的人之後，還有**尋死的人**（l'homme qui veut périr）。就在虛無主義完成之處（大寫的午夜），一切皆已備妥——準備著一種蛻變[30]。

*

一切價值的蛻變定義如下：力量之主動生成（un devenir actif des forces）、**在權力意志當中肯定的勝利**。在虛無主義的主宰之下，否

30. 原註：在尼采的哲學裡頭，這個在最後的人與尋死的人之間的區別是基本的：例如，請參照《查拉圖斯特拉如是說》中，占卜者的預言（第二卷，〈占卜者〉〔Le devin〕）與查拉圖斯特拉的呼籲之間的差別（〈序言〉，四、五）。參見本書「尼采文摘」廿一及廿三。

定是權力意志的形式與根本；而肯定僅是次要、臣服於否定、收穫並結著否定的果實的。以至於大寫的驢子之大寫的是，伊—呀，只是一個虛假的是，如同肯定的歪曲形象（caricature）。現在，一切都改觀了：肯定變成了本質或者權力意志本身；否定雖然還在，但只是如同肯定（celui qui affirme）的存在狀態、如同肯定所擁有的攻擊性、如同宣示性的閃電與伴隨著如此肯定而來的雷聲——如同伴隨著創造而來的全面批判（la critique totale）。如此，查拉圖斯特拉是純粹的肯定，在做出否定的行動和訴求以服務於那肯定者和創造者的同時，他擔負的正是最高的否定[31]。查拉圖斯特拉之大寫的是相反於驢子之大寫的是，如同創造相反於背負。查拉圖斯特拉之大寫的否相反於虛無主義之大寫的否，如同攻擊（agressivité）相反於怨恨。蛻變就是指肯定—否定關係（rapports affirmation-négation）的翻轉。然而，我們知道，

31. 原註：參照本書「尼采文摘」廿四。

除非走出虛無主義，否則蛻變是不可能的，要歷經最後的人以及尋死的人，否定才終於將矛頭轉向反動的力量，變成一種主動，受到最高的肯定所用（所以尼采才說被擊倒的虛無主義，不過是被自己所擊倒……）。

肯定是意志最高的權力（la plus haute puissance de volonté）。然而，被肯定的是什麼？是地球、是生命……然而，當它們是肯定的對象的時候，地球及生命採取了什麼形式？這是僅僅居住在遭受浩劫的地球表面上、只活在與零所差無幾的狀態下的我們所不知道的形式。虛無主義所譴責、所力圖否定的不盡然是存有（l'Être），因為我們早就知道，存有相似於虛無（le Néant），如其兄弟。它所要譴責及否定的毋寧是多（le multiple）、毋寧是生成（le devenir）。虛無主義視生成如同應該要贖罪的東西、應該要被存有所吸收的東西；

它視多如同不正當的東西，應該要接受審判、被一（l'Un）所吸收的東西。生成與多皆有罪，這是虛無主義最初也是最終的話語。同樣地，在虛無主義的主宰之下，哲學把幽暗的感受（sentiments noirs）作為動機：一種「不滿」（mécontentement），人們不明白活著何以如此地焦慮（angoisse）與不安（inquiétude）——一種陰暗的罪惡感（culpabilité）。與此相反，蛻變的第一個形象（figure）是將多及生成提升到最高權力的地步：它們是肯定的對象。在對多的肯定當中，有著多樣（le divers）的真實歡愉（joie）。歡愉出現。它作為哲思（philosopher）的唯一動機。虛無主義對否定的感受或悲苦的感情賦予價值（valorisation），它的權勢（pouvoir）正是立足於這種神祕化之上（早有盧克萊修[32]及後來的史賓諾莎〔Spinoza〕對此寫下了重要的看法，早於尼采，他們將哲學構想做肯定的權力，如同對反神祕化

32. 譯註：盧克萊修（Lucrèce），西元前一世紀羅馬詩人、伊壁鳩魯派思想家，唯一傳世作品為《物性論》（*De la nature des choses*），為一部共包含六卷、七千餘句的長詩，內容對於伊壁鳩魯思想多所闡揚，體現出原子論觀點、反宗教思維、推崇個人幸福快樂的追求。

的具體鬥爭，如同對否定的驅除）。

多（Le multiple）以其自身而受到肯定、生成（le devenir）以其自身而受到肯定。這也就是說，在同一時間，肯定就是多自身、肯定變成其自身；而生成及多本身就是肯定。肯定若受到正確地理解，其中就有著如同鏡像互映（jeu de mirroir）般的情況。「永恆的肯定……我永恆地是你的肯定！」蛻變的第二個形象是肯定的肯定（l'affirmation de l'affirmation）、是一分為二（dédoublement）、是戴奧尼索斯—雅莉安（Dionysos-Ariane）這一對神聖的組合[33]。

在前面所提到的所有特性之中，戴奧尼索斯從中浮現。此處，我們離受叔本華影響下尼采的第一個戴奧尼索斯已經遠矣，那個把生命再收回（résorber）到一個原初之本（un Fond originel）中的戴奧尼索斯、那個與阿波羅[34]結盟以產生悲劇的戴奧尼索斯。確實如此，從

33. 譯註：在《尼采與哲學》探討雙重肯定的段落中，德勒茲說：「肯定沒有它自身以外的對象。清楚地說，唯當它在它自身當中是它的對象，它才成為存有（être）。肯定作為肯定的對象——如此的肯定就是存有。在它本身及作為第一肯定（affirmation première），它是生成（devenir）。然而，唯當肯定是另一個肯定的對象，此肯定將生成提升（élever）到存有之中、或者是從生成當中提取（extraire）出存有，它才是存有。這是何以使出全力的肯定總是雙重的：人肯定了肯定（on affirme l'affirmation）。也就是說，第一肯定（生成）是存有，但條件是它作為第二

《悲劇的誕生》以來，尼采是從戴奧尼索斯與蘇格拉底對立的角度來界定他，更勝於他與阿波羅之間的結盟：蘇格拉底以高等價值之名來審判及譴責生命，然而戴奧尼索斯知道生命沒什麼該被審判的、生命本身相當正當、相當神聖。隨著尼采在其作品中向前推展，他看到了真正的對立：不再是戴奧尼索斯對立於蘇格拉底，而是戴奧尼索斯對立於耶穌。他們的殉道看起來是共通的，但是對於殉道的詮釋及評價卻是不同的：一邊是以見證對立於生命，報復方式是否定生命；另一邊是肯定生命、肯定生成及多，肯定到戴奧尼索斯被撕碎、肢體四散的地步。舞蹈、輕盈及笑是戴奧尼索斯的屬性。如同肯定的權力，戴奧尼索斯在他的鏡子中叫喚出（évoquer）一面鏡子，在他的指環（anneau）中叫喚出一個指環：需要第二個肯定，來讓肯定本身受到肯定。戴奧尼索斯有一位未婚妻雅莉安（「**你有小耳朵，你有我的耳**

個肯定的對象。這兩種肯定構成了肯定的全部力量。」德勒茲接著說尼采運用了一些充滿象徵意味的方式來表達肯定雙重性的思想，其中第二種即是戴奧尼索斯—雅莉安這對神仙眷侶。簡言之，戴奧尼索斯是肯定本身、第一肯定、亦即生成，投入戴奧尼索斯懷抱、將其女性特質解放出來的雅莉安是將戴奧尼索斯作為肯定對象的第二個肯定、肯定的肯定。參見《尼采與哲學》（*Nietzsche et la philosophie, Paris*，二〇一四年版，PUF），引文參見第二九一～二九二頁。

34. 原註：參見本書「尼采文摘」九。

朵：對它說一句明智之言〔un mot avisé〕」）。唯一的明智之言即為大寫的是（Oui）[35]。雅莉安完成著界定戴奧尼索斯與戴奧尼索斯哲學家（le philosophe dionysiaque）的全部關係。

多不再受大寫的一（l'Un）審判、生成不再受存有審判。而是存有及大寫的一努力丟去其意義；它們採取了新的意義。因為現在大寫的一表示多本身（一些碎片或片斷）；存有表示生成本身。這就是尼采式翻轉（le renversement nietzschéen），或蛻變的第三個形象。人們不再將生成對立於存有、多對立於大寫的一（這些對立本身是虛無主義的範疇）。相反地，人們由多來肯定大寫的一（l'Un du multiple）、由生成來肯定存有（l'Être du devenir），或者如尼采所說的，人們由偶然來肯定必然（la nécessité du hasard）。戴奧尼索斯是一個擲骰者（joueur）。一個真正的擲骰者將偶然視為肯定的對象：

35. 譯註：與譯註32相同的段落中，德勒茲舉出了「迷宮或耳朵」作為尼采表達雙重肯定的方式之一：「迷宮首先指無意識、自我（le soi）……其次，迷宮指永恆回歸本身：呈環狀（circulaire），迷宮並非迷失道路，而是引領我們回到是、曾是、將是（qui est, qui a été et qui sera）的相同的點、相同時刻的道路。但在更深沉的層面上、從構成永恆回歸之源頭的角度來看，迷宮是生成、是生成的肯定……真正的迷宮是戴奧尼索斯本身……但是唯有它的肯定自身被肯定，生成才是存有。戴奧尼索斯不僅要雅莉安聽、也要她肯定肯定（affirmer l'affirmation）：『你有他肯定片斷，片斷也就是偶然的成員（les membres du hasard）；從這個肯定中，產生了必然的數字（le nombre nécessaire），它帶回了偶然（le coup de dés）[36]。人們看出這第三個形象是什麼：永恆大寫的回歸（l'éternel Retour）的遊戲。回返（revenir）正是生成裡頭的存有、多中的一、偶然當中的必然。人們應該要避免將永恆回歸視作**大寫的同一的回歸**（retour du Même）。這誤解了蛻變的形式及根本關係（le rapport fondamental）中的改變。因為大寫的同一（le Même）並不先於多樣而存在（除非是在虛無主義的範疇內）。**不是大寫的同一這個東西回返了**，因為回返（le revenir）即大寫的同一的本來形式，它意味著多樣、多及生成。大寫的同一並不回返，而是回返乃是生成大寫的同一之所在（le Même de ce qui devient）。

　這與永恆大寫的回歸的本質有關。這個永恆大寫的回歸的問題

小耳朵，你有我的耳朵：對它說一句明智之言。』耳朵是迷宮，耳朵是生成的迷宮或肯定的迷宮（dédale）。迷宮引領我們通達存有，唯一的存有是生成的存有，唯一的存有是迷宮本身的存有。但是雅莉安有戴奧尼索斯的耳朵：肯定自身必須被肯定，以便讓它就是存有的肯定。雅莉安對戴奧尼索斯的耳朵說了一句明智之言。這也就是說：在本身聽到戴奧尼索斯的肯定之後，她把這個肯定作為第二個肯定的對象，被戴奧尼索斯聽到。」參見前引書，第二九四～二九五頁。

36. 譯註：在《尼采與哲學》中，德勒茲在「擲骰子」（Le coup

應當擺脫無用的或虛假的各類主題。人們有時候會問，尼采怎麼會自認這樣一種在古代哲人身上並不罕見的思想是前所未見並超凡的：不過，尼采正是非常清楚這樣的思想並不存在於古人之中，無論在希臘或東方，要不也只是在一種有限而且不清楚的情況下存在過，其意義也與尼采所賦予的意義全然地不同。對於赫拉克利特，尼采做出了很清楚的保留。就像把一條蛇放在喉嚨裡，他託查拉圖斯特拉之口說出永恆大寫的回歸，只是意味著他託付給瑣羅亞斯德這個古代人物一個他最不可能想到的思想。尼采曾說到他把查拉圖斯特拉這個人物當作一種委婉的託辭（euphémisme），或更恰當地說把他當作修辭上的一個倒反（antiphrase）、一個換喻（métonymie），因而刻意地施惠於這個人物，將這個人物自己所無法形成的新的概念賦予給他[37]。

人們也會問到，如果永恆大寫的回歸涉及一種循環（un cycle），

de dès）一段中談到尼采擲骰子的兩個時刻，骰子擲出的時刻及骰子落下的時刻。擲出時是對偶然的肯定，但骰子一旦落下便落入必然性之中，德勒茲說「被擲出一次的骰子是對**偶然**（hasard）的肯定，在落下時所形成的組合是對**必然性**（nécessité）的肯定。必然性由偶然所肯定，一如存有由生成所肯定，一由多所肯定。」（參見前引書，第四十頁）緊接著在擲骰子「對永恆回歸的後果」（Conséquences pour l'éternel retour）的段落中，德勒茲提到：「永恆回歸是第二個時刻，是擲骰子的結果，是對必然性的肯定，是那個讓偶然所有四肢合起來的數字。但這

也就是說涉及大全的回歸（retour du Tout）、相同的大寫的回歸、回到大寫的同一的回歸（retour au Même），那麼這個想法有什麼大不了：然而明白地說，永恆回歸與這些皆無關。尼采的祕密，**就是永恆的大寫的回歸是選擇性的**（sélectif），而且是雙重選擇性的。首先，它作為思想，因為永恆大寫的回歸給予我們一個除去一切道德約束的意志自主（l'autonomie de la volonté）的法則：無論我欲求的是什麼（我的懶惰、我的嗜吃、我的懈怠、我的惡行如同我的德行），我「應該」以一種我欲求它永恆大寫的回歸的方式來欲求它。所有的「半欲求」（demi-vouloirs）都從世界上消失，所有我們欲求的都以這樣的說法為前提：一次、只要一次。甚至也欲求著其永恆大寫的回歸的懈怠、懶惰都將變成一個有別於懈怠及懶惰的東西：它們將變成主動的、以及肯定的權力。

也是第一個時刻的回歸，再擲一次骰子，偶然本身的重來（reproduction）及再肯定。」參見前引書，第四十三頁。

37. 原註：參考《瞧！這個人》，〈為什麼我是命中注定〉（Pourquoi je suis une fatalité），第三節：嚴格地說，永恆回歸在古代就已經獲得支持的說法是非常可疑的。在這個主題上，整個希臘思想在態度上都非常地保留：參考慕格萊（Charles MUGLER）的近作《希臘宇宙論的兩項主題：循環生成與多元世界》（*Deux thèmes de la cosmologie grecque : devenir cyclique et pluralité des mondes*, Klincksieck，一九五三年）。此外，根據研究專家的說法，對於中國、印度、伊朗或巴比倫思想而言，情況也是如此。關於古代人具有循環時間觀（un temps circulaire）相對於現代人具有歷史時間觀（un temps historique）的這種看法本身是失之簡單而不精確的想法。綜觀各方面，以及尼采自己的看法，我們可以說永恆回歸是一項尼采的發現，只是在古代有著若干的初次顯露（prémisses）。

永恆大寫的回歸也不僅是選擇性思想（la pensée sélective），它也是選擇性大寫的存有（l'Être sélectif）。回返的只有肯定，只有可以被肯定的可以回返，只有歡愉回歸。一切可被否定的，一切是否定（négation）的都被永恆大寫的回歸的運動本身所驅逐。我們或許會擔心虛無主義與反動的各種組合會永恆地回返。我們應當將永恆大寫的回歸相較於一個輪子；但是輪子的轉動具有著將一切否定（tout le négatif）驅趕開來的離心力。因為存有以生成而自我肯定（l'Être s'affirme du devenir），它驅逐與肯定相違的一切、虛無主義及反動的所有形式：愧疚、怨恨……我們只看到它們一次。

然而，在多處文章裡尼采將永恆大寫的回歸視為一個循環，這其中一切回返、大寫的同一回返、回返至同一——這些文章意味著什麼？尼采是一個將各種大寫的觀念「戲劇化」（dramatiser）的思想家，也就是說他在張力（tension）的不同層面上將這些觀念呈現為先後發生的事件（événements）。我們在神之死的問題上已經見識到這樣的情況。同樣地，永恆大寫的回歸也有兩種說明方式（deux exposés）（如果尼采沒發瘋因而中斷了他曾明確構想過的一個發展進程，那麼關於永恆大寫的回歸的說明方式應該不只兩種）。這兩種來得及展現在我們眼前的說明方式，一個關聯著**生病**的查拉圖斯特拉，另一個則是**康復中幾乎痊癒**的查拉圖斯特拉。導致查拉圖斯特拉生病的正是循環這個觀念：回返（Tout revienne）的觀念、大寫的同一回返的觀念、一切回返到相同（tout revienne au même）的觀念。因為，在這種情況下，永恆大寫的回歸只是一種假設，一種既平庸又駭人的假設。說它平庸是因為它同於一種自然而然的、動物性的、隨即的明確（這是為什麼當鷹及蛇努力安慰查拉圖斯特拉時，他會回答牠們說：

你們使永恆大寫的回歸成為一句「陳腔濫調」，將永恆大寫的回歸簡化為一個為大家熟悉、太過熟悉的說詞）[38]——說它駭人是因為假如真的一切都回返、一切都回返至同一，那麼卑微又狹隘的人、虛無主義及反動也將回返（這是何以查拉圖斯特拉大聲喊出其強烈的厭惡及蔑視，並說他不能、不想也不敢說到永恆大寫的回歸）[39]。

但當查拉圖斯特拉正在康復中，情況又是如何呢？他將剛才忍受不了的東西忍受下來了嗎？他接受了永恆大寫的回歸，他把握了其歡愉。這牽涉的只是一種心理上的改變嗎？當然不是。這牽涉到對於永恆大寫的回歸本身的理解上及意涵上的改變。查拉圖斯特拉承認當自己生病時他一點都不理解永恆大寫的回歸。永恆大寫的回歸不是循環、不是大寫的同一的回歸、不是回到大寫的同一的回歸。永恆大寫的回歸不是一個在動物看來平直單調又自然無奇的明顯之事，也不是

38. 原註：參見《查拉圖斯特拉如是說》第三卷，〈康復〉（Le convalescent），二。

39. 原註：參見本書「尼采文摘」廿七。

一個在人類看來哀傷的道德懲罰。查拉圖斯特拉理解「永恆大寫的回歸＝選擇性大寫的存有」的同一性（identité）。因為永恆大寫的回歸是那個只是肯定的存有、只是進行中生成（le devenir en action）的存有，那麼反動的、虛無的東西怎麼可能會回返呢？否定的東西怎麼可能會回返呢？離心的車輪，「大寫的存有至高無上的星座，沒有任何願望可及，沒有任何否定可玷汙。」永恆大寫的回歸是大寫的重複（la Répétition）；但這是做選擇的大寫的重複、帶來解救的大寫的重複。一種帶來解放及做選擇的重複之超凡祕密。

蛻變因此有著第四個也是最後一個面向：它包含及產生超人（le surhomme）。因為在其人的本質上，人是一個反動存有（un être réactif），他將其力量與虛無主義組合起來。永恆大寫的回歸推開虛無主義、驅逐虛無主義。蛻變涉及一種本質上的根本轉換，這個轉換發生在人的身上、但產生了超人。超人正是指可被肯定的一切（tout ce qui peut être affirmé）的集合，是存有者（ce qui est）的最高形式，代表著選擇性大寫的存有類型，是這個存有的新芽（rejeton）及主體性。超人也在兩個系譜的交會處。一方面，他從人當中產生出來，這經由最後的人及尋死的人的中介、但又超越於他們，如同人類本質的撕碎及轉換；但另一方面，超人從人當中產生，但超人不是由人所產生的，他是戴奧尼索斯與雅莉安的結晶。查拉圖斯特拉來自於第一種系譜的血脈，因此他低於戴奧尼索斯，他是戴奧尼索斯的先知或宣告者。查拉圖斯特拉稱超人為他的孩子，但被他的孩子所超越，因此超人真正的父親是戴奧尼索斯[40]。蛻變的形象至此完成：戴奧尼索斯或肯定；戴奧尼索斯—雅莉安或一分為二的肯定（l'affirmation dédoublée）；永恆大寫的回歸或重複的肯定（l'affirmation

40. 原註：參見本書「尼采文摘」十一。

redoublée）；超人或肯定的類型或產物。

*

作為尼采的讀者，我們應該避免四種可能的誤解：第一個與權力意志有關（認為權力意志指「宰制的欲望」或「欲求權力」）；第二個與強者及弱者有關（認為在一個社會體制中越「有權力者」也因此是「強者」）；第三個與永恆大寫的回歸有關（認為這是自希臘人、印度人、巴比倫人……那裡借來的舊觀念；認為永恆大寫的回歸涉及一個循環或大寫的同一的回歸、回到同一的回歸）；第四個則有關尼采最後的作品（認為這些作品過於極端或由於尼采的瘋狂而不可信取）。

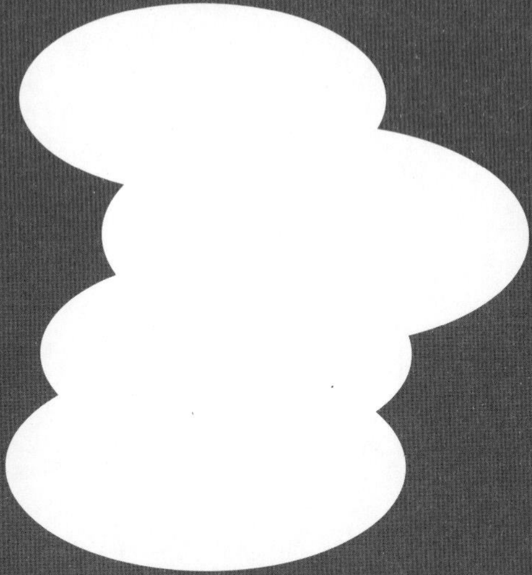

作品中的主要角色

Dictionnaire des principaux personnages de Nietzsche

老鷹（及蛇）——查拉圖斯特拉的動物。蛇盤繞（enroulé）在老鷹的脖子上，這兩者因此都表達著永恆大寫的回歸，如同締結（Alliance）、如同在指環中的指環，如同戴奧尼索斯—雅莉安這對神聖伴侶的婚約。不過，牠們是以動物的方式來表達永恆大寫的回歸的，如同一種隨即而來的確定或自然而然的明白（牠們沒搞清楚永恆大寫的回歸的本質，也就是選擇性，無論就思想上或大寫的存有上皆是如此）。牠們也把永恆大寫的回歸搞成一種「喋喋不休」（babillage）、一種「陳腔濫調」（rengaine）。此外：一旦人們將永恆大寫的回歸視為自然的確定性，據此這確定「一切都回返（tout revient）」，展示的蛇（déroulé）便表現出在這種情況下永恆大寫的回歸當中的不可忍受及不可能。

驢子（或駱駝）——沙漠中的動物（虛無主義）。牠們背負、牠們背負著重擔直到沙漠的盡頭。大寫的驢子有兩項缺點：牠的大寫的否是一種虛假的否、一種怨恨的「否」；牠的大寫的是（伊—呀、伊—呀）是一種虛假的是。牠以為肯定就意味著背負、承擔。大寫的驢子基本上是基督教的動物：牠承擔著據說是「高過於生命」的價值之重量。在神死了之後，牠自搬重物馱在自己的背上，承擔了「人的」價值的重量，牠聲稱接受「如其所是的真實」：從此牠成為「高等人」的新神。從一端到另一端，大寫的驢子是戴奧尼索斯之大寫的是的歪曲形象及背叛；牠肯定，但肯定的只是虛無主義所結的果。此外，牠的長耳朵也完全不同於戴奧尼索斯與雅莉安的像迷宮般小而圓的耳朵。

蜘蛛（或舞蛛）——這是報復或怨恨的精神。牠的感染權力就是牠的毒液。牠的意志是一種處罰及審判的意志。牠的武器是絲：道德之絲。牠所宣揚的是平等（全世界都變得跟牠一樣！）。

雅莉安（與忒修斯）——這是大寫的女性特質（l'Anima）。她為忒修斯所愛，也愛他。但確切地說，她抓著線，有點大寫的蜘蛛的樣子，怨恨冷冰冰的創造物。忒修斯是大寫的英雄，一種高等人的形象。他具有「高等的大寫的人」一切的低劣之處：背負、承擔、不知卸下枷鎖、不了解輕盈。當雅莉安愛忒修斯，並為他所愛，她的女性特質受到囚禁，為線所綑綁。然而當戴奧尼索斯所化身的公牛向她靠近，她明白了什麼是真正的肯定、真正的輕盈。她變成肯定的大寫的女性特質，向戴奧尼索斯說大寫的是。他們兩人構成了永恆大寫的回歸的情侶，產生了大寫的超人。因為：「當英雄放棄了靈魂，超英雄（le surhéros）才會在夢中走進。」

小丑（猴子、侏儒或魔鬼）——這是查拉圖斯特拉的歪曲形象。它模仿他，但有如沉重模仿輕盈。它代表著查拉圖斯特拉所面臨的最糟糕的危險：對原則的背叛。小丑蔑視，但他的蔑視來自怨恨。他是沉重精神。如同查拉圖斯特拉，他聲稱超越、克服。然而，對他而言，克服或者指讓自己受到背負（爬到人的肩膀上、爬到查拉圖斯特拉自己的肩膀上）；或者指從上方跳過去。這是兩種關於「大寫的超人」的可能誤解。

基督（聖保羅及佛陀）——①基督代表著虛無主義非常重要的

時刻：在猶太教的怨恨之後，祂代表著愧疚（La mauvaise conscience）的時刻。不過這仍是與生命為敵的相同報復及敵視；因為基督教的愛只看重生命病態及荒蕪的一面。藉著祂的死，基督似乎在猶太神之外自立起門戶：祂成為普遍的及「世界的」（cosmopolite）。然而祂只不過是找到了一種審判生命的新方式、一種將譴責生命普遍化並且同時內化錯誤（愧疚感）的新方式。基督是為我們而死、為我們的罪過而死！這至少是聖保羅所提出的詮釋方式，並在教會體系中及歷史上盛行。基督的殉教完全不同於戴奧尼索斯的殉教：在前者，生命受審判、應贖罪；在後者，生命該由自己來評斷。「戴奧尼索斯對立於耶穌」。②然而，假如我們去探索在聖保羅的詮釋之下，耶穌到底是哪一種人物類型，我們猜想耶穌會以完全不同的方式歸入「虛無主義」。祂溫和、愉快、既不譴責、也以一視同仁的態度看待種種罪過；祂意欲的只是死，祂期盼死亡。祂見證了聖保羅所跨出一大步的詮釋，已經代表著虛無主義最高的階段，即最後的大寫的人的階段，甚至是尋死的大寫的人的階段：是最接近戴奧尼索斯蛻變的階段。基督是「墮落者中最有趣的」，某種的佛陀。祂讓一種蛻變成為可能；從這點來看，戴奧尼索斯與基督的綜合成為可能的：「戴奧尼索斯—基督」（Dionysos-Crucifié）。

戴奧尼索斯——針對戴奧尼索斯的不同面向，包括①阿波羅相關的面向；②與蘇格拉底相對立的面向；③與基督相矛盾的面向；④與雅莉安相互補的面向，請參考前一章關於尼采哲學的說明，以及後文所選錄的尼采文本。

高等人——有各式各樣的高等人，但他們見證了同一件事：在神死之後，由人類價值取代神聖價值。他們因此代表文化的生成或者致力於把人放在神的位置。因為評價的原理沒變，因為蛻變還沒有發生，他們完全歸入虛無主義之中，更接近於查拉圖斯特拉的小丑，而非查拉圖斯特拉自己。他們「失敗」、「錯過」，不笑、不遊戲、也不舞蹈。根據邏輯順序，高等人前進的隊伍中情況如下：

①**最後的教宗**：他知道神已死，但相信神是窒息而死，基於憐憫而窒息致死，無法再承受對人的愛。最後的教宗失去了主人，然而他並不自由，他靠著回憶而活。

②**兩位國王**：他們代表著「風俗倫理」（la moralité des moeurs）運動，它的任務是培養及訓練人，透過最殘暴、最束縛的手

段，造就一個自由的人。當中有兩個國王，左邊的一位負責手段，右邊的一位關乎目的。但是，在神死之前如同神死之後，對手段而言如同對目的而言，風俗倫理本身退化，訓練及選擇皆開倒車，而滋長了「下等人」（populace）的壯大（奴隸的勝利）。成為高等人之新神的大寫的驢子是由這兩位國王所牽引來的。

③**最醜陋的人**：他是殺死神的兇手，因為無法忍受神的憐憫。但他始終是老人，又更醜了：不是神為他而死所產生的愧疚，他感受到的是他殺了神所產生的愧疚；不是由神所給的憐憫，他知道的是人的憐憫，下等人的憐憫，這又更難以忍受了。他帶來了大寫的驢子的囉嗦（litanie），引起了虛假的「大寫的是」。

④**水蛭專家**（L'homme à la sangsue）：他想以知識來取代神聖價值、宗教、甚至道德。知識應該是科學的、準確的及銳利的：無論其目標是大是小，最枝微末節的準確知識可以取代最「偉大的」價值之信仰。這是為什麼人將手伸向水蛭，並以認識這麼一件微不足道的事為己任與目標：研究水蛭的腦部（而不去探究最基本的原因）。但是水蛭專家只知道關於水蛭的知識，他從道德及宗教手中接棒，繼續追尋同一個目標：切開生命、支解及審判生命。

⑤**自願的乞丐**：這種人甚至拒絕知識。除了人類幸福，他一無所信，他在塵世間尋找幸福。然而，人類幸福儘管是如此平庸乏味，也無法在滿懷怨恨與愧疚的下等人當中尋獲。人類幸福只可以在母牛身上找到。

⑥**巫師**：這是愧疚之人，無論在神的麾下或神死之後都可見到他的蹤影。愧疚基本上是虛情假意的、暴露狂的。他各種角色都演，甚至是無神論者、詩人或雅莉安的角色。但無論哪一種角色，他總是欺騙及責難。嚷著「這是我的錯」，愧疚想引人憐憫，引人產生罪惡感（culpabilité），甚至強者也是其對象。他想讓所有活著的皆感慚愧，散布他的毒液，「你的抱怨裡帶著圈套！」

⑦**浪跡的影子**（*L'Ombre voyageuse*）：這是文化之活動，它四處找尋機會實現其目標（獲選及受訓練的自由的人）：無論在神之麾下或在神死後，無論在知識方面或在幸福方面等等。它四處都達不到目標，因為這個目標本身就是一道影子。這個目標，即高等大寫的人，其本身總是失敗、錯過。這是查拉圖斯特拉

的大寫的影子，不是別的、就只是他的影子，它四處跟隨著他，但消失在兩個重要的蛻變時刻：大寫的午夜及正午。

⑧**預言者**：他說「一切皆空」。他宣告虛無主義的最後階段：人在估量到以人取代神一事之枉然後，相較於意欲虛無，他寧可什麼都不要。預言者因此宣告最後的人之到來。出現在虛無主義終結之前，預言者走的比高等人還遠。但他不清楚最後的人之後的情況：尋死的人，意欲自己衰敗的人。在尋死的人身上，虛無主義真實地完結了，為自己所敗：蛻變及超人已近。

查拉圖斯特拉（及獅子）——查拉圖斯特拉不是戴奧尼索斯，只是他的先知。這種附屬關係透過兩種方式表現出來。首先我們可以說查拉圖斯特拉仍停留在「大寫的否」中。這種否確實不再是虛無主義的大寫的否：它是獅子的「神聖的大寫的否」（le Non sacré），它是神聖與人類的一切經過確立的價值的瓦解，這些價值所組成的正是虛無主義。這是超—虛無主義（trans-nihiliste）的「大寫的否」，內在於蛻變之中。還有，當查拉圖斯特拉將手伸入獅毛中，他的任務應該已經完成了——然而，實際上，查拉圖斯特拉並不只停留在大寫的否，即便是神聖的及起著蛻變作用的否。他充分地參與了戴奧尼索斯的肯定，他本身已經屬於這種肯定的觀念，戴奧尼索斯的觀念。同樣地，戴奧尼索斯與雅莉安在永恆大寫的回歸中締結婚約，查拉圖斯特拉也在永恆大寫的回歸中找到其未婚妻。同樣地，戴奧尼索斯是大寫的超人之父，查拉圖斯特拉稱大寫的超人他的孩子。無論如何，查拉圖斯特被他自己的孩子們所超越；他只不過如此期許，但並不是永恆大寫的回歸指環的組成要素。在大寫的超人產生方面，由他來產生超人的程度少，而是偏重於在人身上確保超人之生產，創造在其中人可自我超越及被超越的所有條件、在其中大寫的獅子變成大寫的孩子的所有條件。

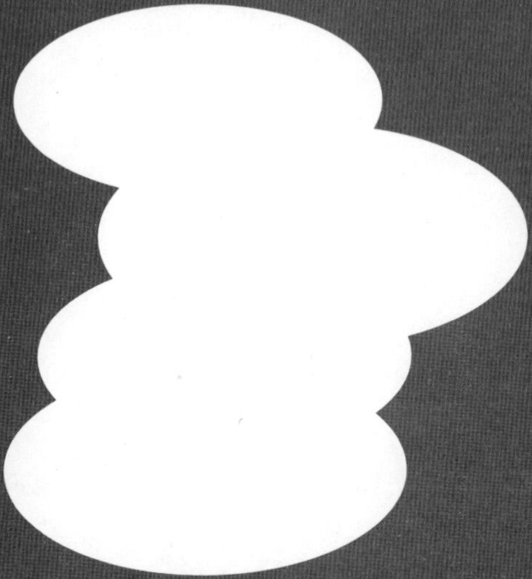

尼采歷年作品

L'œuvre

尼采歷年作品

一八七二　《悲劇的誕生》

一八七三　《不合時宜的思考：（一）大衛．史特勞斯》

一八七四　《不合時宜的思考：（二）歷史研究的利與弊》

　　　　　《不合時宜的思考：（三）教育家叔本華》

一八七六　《不合時宜的思考：（四）理察．華格納在拜魯特》

一八七八　《人的、太過於人的》

一八七九　《浪跡者及其影子》

一八八一　《曙光》

一八八二　《歡愉的智慧：第一卷～第四卷》

一八八三　《查拉圖斯特拉如是說：第一卷、第二卷》

一八八四　《查拉圖斯特拉如是說：第三卷》

一八八五　《查拉圖斯特拉如是說：第四卷》

一八八六　《超越善惡》

一八八七　《道德系譜學》、《歡愉的智慧：第五卷》

一八八八　《華格納事件》、《偶像的黃昏》、《反基督》、《尼采反對華格納》（*Nietzsche contre Wagner*）、《瞧！這個人》（這五本著作中僅有《華格納事件》是在尼采發病前由他出版）

尼采的作品還包含文獻學研究、研討會及課堂上的文字、以及詩和音樂作品，特別是大量的筆記（《權力意志》〔*La volonté de Puissance*〕一書便是從筆記中整理而成）。

主要的尼采作品全集包括：尼采—檔案中心版（Nietzsche-Archiv）（共十九卷，萊比錫，一八九五年～一九一三年）；慕薩利恩版（Musarion Ausgabe）（共廿三卷，慕尼黑，一九二二年～一九二九年）；許萊敘塔版（Schlechta）（三卷，慕尼黑，一九五四年）。

這些出版尚無法滿足一般評論研究上的要求。這個落差有可能不久之後將由柯立（Giorgio Colli）與蒙提納立（Mazzino Montinari）所進行的工作而獲得彌補。在法國，伽里瑪出版社 N.R.F. 書系所出版的尼采哲學作品全集便是以他們二人的成果為依據的。

尼采妹妹所扮演的角色是一個問題。她對尼采－檔案中心的影響是全面的。但是或許有必要區分幾個問題——許萊敘塔先生在近來所引發的爭論中有意混淆的問題。

一、竄改的情形存在嗎——在一八八八年的作品中，出現的問題比較是手稿誤讀、以及文句位置方面的調整。

二、《權力意志》的問題——人們知道《權力意志》不是一本尼采出版的著作。尼采一八八〇年代的筆記大約包含了四百個段落，其被一一編號並分成四組。但這個時期尼采有多項寫作計畫。《權力意志》便是依據一項於一八八七年所擬定的計畫由這四百段筆記、再補上不同時期的筆記所構成的。我認為尼采擬定的所有計畫都能出版是很重要的，尤其是所有的筆記都能經過批判的及嚴格時序上的查驗而加以出版。就此而言，許萊敘塔先生的版本並沒有做到。

三、筆記整體的問題——許萊敘塔先生認為這些「遺著」並沒有包含什麼重要的內容是尚未出現在尼采自己所出版的著作中。這樣的看法讓尼采哲學的詮釋都成了問題。

*

尼采著作的主要法語譯者包括：亨利．亞伯特（Henri Albert，Mercure de France 出版社）；珍娜維耶芙．畢安紀思（Geneviève Bianquis，伽里瑪出版社 N.R.F. 系列與 Aubier 出版社）；亞歷山大．維亞拉特（Alexandre Vialatte，N.R.F.系列）。本章開頭所列出的尼采作品皆有法語譯本。

除外之外，我們可以再加上：《權力意志》，珍娜維耶芙．畢安紀思譯，N.R.F. 出版；《希臘悲劇時期哲學的誕生》（*La Naissance de la philosophie à l'époque de la tragédie grecque*），珍娜維耶芙．畢安紀思譯，N.R.F. 出版；《尼采詩集》（*Les Poèmes*），亨利．亞伯特譯，Mercure de France 出版；希柏蒙—德塞涅（Ribemont-Dessaignes）譯，Les Seuil

出版。

以及《書信中的尼采》（*La vie de Nietzsche d'après sa correspondance*），喬治．瓦爾斯（Georges Wals）譯，Reider 出版；《尼采書信選》（*Lettres choisies*），亞歷山大．維亞拉特譯，N.R.F. 出版；《尼采與彼得．加斯特書信集》（*Lettres à Peter Gast*），安德烈．夏夫納（André Schaeffner）譯，Rocher 出版；《同代人眼中的尼采》（*Nietzsche devant ses contemporains*），珍娜維耶芙．畢安紀思譯，Rocher 出版。

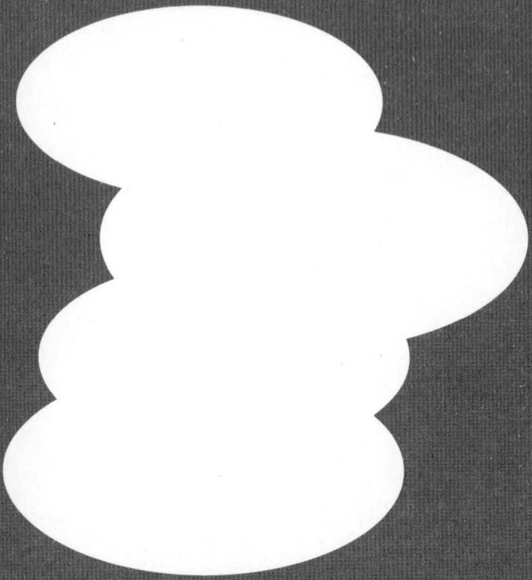

尼采文摘

Extraits

在選摘的文本中，我們以置於括弧中的刪節號來標明我們省略的文字。

並以星號來標示從尼采筆記中選摘的文字。

甲、哲學家是什麼？

「……不合時宜地行動，也就是說反抗時代，並如此在時代之上，以利於（我如此希望）一個將要到來的時代。」

（《不合時宜的思考》）

一、戴上面具的哲學家

哲學精神永遠都是開始於對自身的喬裝及掩飾，借用早先形成的沉思者類型，無論是祭司、預言家、還是普通的宗教人士，也無論在怎樣的程度上，這麼做只是為了成為**可能的**（possible）；長期以來，哲學家利用**禁慾的理想**作為其外表及存在的條件——為了做哲學家，他被迫表現出這樣的理想；為了表現這樣的理想，他被迫**相信**它。這種對哲學家所持的特定態度導致哲學家遠離世界、這種存在方式否定世界，這種關於哲學家的態度、這種存在方式表露出對生命的敵意，對生命既懷疑又嚴厲。這種態度並一直延續到今日，乃至於被視為最具代表性的哲學態度——不過說穿了，這種態度只是哲學家在被迫的情況下所接受條件的結果，哲學誕生與發展上所不可避免要接受的條件：因為，在很長的一段時間裡，如果不戴上禁慾的面具與喬裝，哲學在塵世間**是完全不可能的**。說得更具體一些，擺在眼前的事實是：直到今日，這個禁慾的祭司身上展現出最令人作嘔的、最陰暗的形式，一種毛毛蟲的形式，而唯有它才能給予哲學家爬行存在（son existence rampante）的權利……情況真的改變了嗎？在一個陽光普照、更溫暖、更明亮的世界中，這個千色帶翅的危險昆蟲，為蟲繭所包覆的「精神」，它終於可以褪去一身的舊衫而在陽光下伸展嗎？今日在大地上已經有了足夠的驕傲、膽識、勇氣、自覺、精神的意志、責任的渴望、自由意志（libre-arbitre），讓「哲學家」從今以後成為可能的？

《道德系譜學》，第三篇，十，亨利・亞伯特譯、Mercure de France出版

二、批判哲學家

我是哲學家戴奧尼索斯的門徒；我寧可被認為是薩堤爾[41]（satyre），也不要被當作聖人（……）。想讓人性「更好」，這當是我會承諾的最後一件事。我不豎立新的偶像；舊偶像因此知道立足在黏土的雙腳上的代價為何！**推翻偶像吧**——我如此稱呼一切理想的東西——這毋寧已經是我的事情。當人們藉著謊言而想像出一個理想

41. 譯註：希臘神話中地位較低的神，生活在山林間，也是酒神戴奧尼索斯的夥伴。薩堤爾被描繪為面容猙獰、半人半羊的裸身怪物，活潑好動、性喜嬉戲，經常追逐山林女神及參加酒神節狂歡的女人們，因此兼具醉漢及色鬼形象。

世界，人們也從現實（la réalité）手中將它的價值、它的意涵、它的真誠搶走……對於「真理—世界」（le monde-vérité）及「表象—世界」（le monde-apparence），你們應該理解成：**被發明的世界（le monde inventé）**及現實……直到今日，關於理想的謊言都是懸在現實上頭的詛咒。在這種謊言的侵入之下，人性本身已經受到扭曲及造假，直至其最深的本能上，直至其所擁抱的價值是**對立於**發展、未來、走向未來的無上權利的價值。

那些懂得從我的字裡行間呼吸到大氣（l'atmosphère）的人明白這是高處之氣，高處的空氣是充滿活力的。必得為了這大氣而受造，否則人們很容易受寒著涼。寒冰迫近，孤獨無邊——但，你瞧，一切以何等的平靜在一片光明中棲息著！你瞧，人們以何等的自在呼吸著！人們如此以超越自己的方式感受著！我所親身經驗的哲學、我直至今日所領會的哲學，這是在冰雪風霜中、在崇山峻嶺間自願的存在（l'existence volontaire）——追尋著生命中陌生的、可疑的一切，追尋著直至今日被道德所禁止的一切。這是我行走在受到禁止的一切當中所獲得的一段漫長經驗，它教我以另一種應該予以鼓勵的方式看待直至今日促成道德化及理想化的原因。我明白了哲學受到掩蓋的歷史、以及那些闡揚哲學的大人物的心理。一個精神**承受**（supporter）得起的真理到什麼程度、一個精神**膽敢**（oser）面對的真理具有怎樣的分量，在關於價值的真正衡量上，這是越來越為我所仰賴的東西。錯誤（也就是在理想方面的信仰）並非來自盲目；錯誤來自**怯懦**（lâcheté）。所有的開疆闢土、每個在知識領域上向前跨出的步伐都源自勇氣（courage），都源自面對自己的堅強（dureté），都源自面對自己的無瑕（propreté）。我並不駁斥理想，我只是謹慎行事……**追**

尋被禁止的（Nitimur in vetitum）[42]，藉著這個標誌，我的哲學終將勝利，因為直到今日原則上只有真理被禁止。

《瞧！這個人》，前言，二、三，亨利・亞伯特譯，Mercure de France出版

三、不合時宜的哲學家

我們在此所見識到的是此一教條的結果，此一教條日前還受到宣揚，它肯定國家是人類無上的目標，對人而言，再也沒有比為國效勞更崇高的目標了。在這當中，我看到的不是回歸到異教（paganisme）之中，而是回歸到愚蠢（sottise）上頭。一個將為國效勞視為無上責任的人可能實際上不清楚知道什麼是無上責任。它排除不了在其他的

42. 譯註：語出西元前後一世紀古羅馬詩人奧維德（Ovide）《愛的藝術》（*Ars amatoria*）第三卷第四節第十七句：Nitimur in vetitum semper, cupimusque negata.（我們追求受到禁止的，渴望受到剝奪的）。

地方也有人及責任，其中一種責任，至少在我看來比為國效勞更高，它敦促人們破除一切的愚蠢，包括為國效勞這種愚蠢。這就是為什麼我現在只跟哲學家一起，只跟這些置身於還算無關於國家利益的領域，亦即文化領域的人一起，關注在一種人身上，他們抱持的目的論所導向的比國家利益更高一些。在一環扣一環而共同構成人類公共事務的眾多環套中，有一些是用純金做的，有一些是用銅錫合金做的。

哲學家會怎麼看待我們這個時代的文化呢？說真的，要從另一個面向來看，有別於這些自滿現狀的哲學教授。當他思慮著四處可見的急促、這種淪喪過程的加速、以及一切沉思生活（vie contemplative）、一切簡單性（simplicité）之不可能，他幾乎瞥見一種文化的瓦解、一種徹底的連根拔起。宗教之河流過，在其身後猶留下了沼澤及水塘；民族國家再次地爭相獨立、相互攻擊，要求繼續分裂。科學在一種最盲目的放任之下無尺度的發展，粉碎及溶解了一切堅固的信念；有教養的階層及社會則被捲入一種浩大並俾倪一切的金融活動中。世界不曾如此地世界，世界不曾在愛之上、在珍貴的給予（dons précieux）上如此地匱乏。在這一片缺乏深刻性的擔憂當中，知識界退縮成燈塔及避難所；日復一日，知識界份子的擔憂更多、思想更少、愛也更少。一切都利於即將來到的野蠻，當今藝術及科學的情況也不例外。有教養的人日益退化，他竟已然變成文化最可怕的敵人，因為他意欲粉飾普遍的病態、阻礙醫生的工作。當人們說到他們的薄弱、當人們攻擊他們危險的欺瞞精神，這些可憐的傢伙，他們顯得非常憤怒。他們意欲讓人相信他們永世地贏取了獎項，他們的步伐受到虛假的愉悅所激勵（……）。

然而，假如在現代生活的圖像中，我們只提到構圖的弱點、色彩的缺乏，因而有失之偏頗的嫌疑，不過我要說的第二個面向也並不會讓人更愉快一點，甚至只會讓人更加地憂慮。一些力量存在著，很大的力量，不過卻是野蠻、莽撞、完全冷酷無情的。人們在一種憂慮的等待中看著它們，那目光像是看著地獄廚房裡的鍋爐：隨時都可能沸騰、爆炸，宣布可怕的大災難之到來。一個世紀以來，我們等著一些根本的大震盪。假如，在這最後時刻裡，人們試圖運用著聲稱代表民族的國家組織力量（la force constitutive de l'État）來對抗骨子裡非常現代的這種爆炸性趨勢，長期來看，國家不減反增地導致全面危險的提高，沉沉壓在我們頭上的威脅增加[43]。我們不會讓自己被一些人在外表上顯露出對這些隱憂一無所知的樣子所誤導。他們的擔憂清楚地顯示他們對情況有所掌握；帶著未曾如此交集在一起的急切與排他性，他們現在只顧著自己；他們只為了自己、只為了（短暫的）一天而去

43. 原註：略為修改本句開頭的原法語翻譯。

構築及栽種；當幸福應該在今日及明日就到手，對於幸福的追逐未曾如此的強烈；因為到了後天，這種追逐可能已經結束。我們活在一個原子的時代、一個原子混亂（chaos atomique）的時代。

《不合時宜的思考：（三）教育家叔本華》，四，亨利・亞伯特譯，Mercure de France出版

四、哲學家、生理學家及醫生

我們處在一個意識（le conscient）變得微不足道的時期。分析到最後，除了作為盱衡全局、高高在上的理智（intellect supérieur）服務的工具之外，我們並不理解意識的自我（le moi conscient）本身。如此，我們可以思考，是否所有的有意識的意欲（vouloir）、所有的有

意識的目的、所有的**價值判斷**只不過是單純的工具，以達到跟在意識之光亮中向我們顯現之物根本不同的東西。我們**以為**當中涉及到的是我們的快樂或我們的痛苦，但是快樂與痛苦也許只是我們為了**完成**某些意識不到的操作之手段——有必要指出在何等程度上所有意識到的只流於**表面**，在何等程度上行動**不同**於行動的意象，而對於發生在行動**以前**的東西，我們所知道的是如何地有限；我們關於「自由意志」（volonté libre）、「原因及結果」的直覺是如何地不切實際；思想、意象（image）及文字如何僅是思想的符號（signes des pensées），而在何等的程度上一切的行動都是不可捉摸的；讚揚與斥責在何等的程度上只不過是表面的；我們意識的生命如何基本上僅僅發生在我們**發明**及**想像**的世界；如何我們所談的永遠都只是我們的發明（甚至是我們的感情），以及**人類的聚合**（cohésion de l'humanité）是如何以這些發明的傳承為基礎——然而在骨子裡真正的聚合（藉由繁殖）繼續走在它未知的道路上（……）。

總而言之，在整個精神的發展當中，所涉及的或許只是**身體**（corps）而已：精神的發展在於使我們**有感於**（sensible）一個**更高等身體的形成**（la formation d'un corps supérieur）。有機體可以不斷提升到更高的程度。我們對於認識自然方面的貪婪只是身體自我完善的手段。或者毋寧是我們透過幾千幾萬次的經驗來調整身體的食物、居住及生活類型；身體背負的意識及價值判斷，各式各樣的快樂及痛苦只不過是**這些改變及這些經驗的跡象**（indices）。分析到最後，人與這件事一點關係都沒有，人是要被超越的東西。

*一八八三年，《權力意志》，II，二六一，珍娜維耶芙・畢安紀思譯，N.R.F.出版

五、哲學家：生命可能性的發明者

在一些生命當中困難與奇才相遇；這是思想家的生命。要豎直耳朵聆聽他們各自按照其主題向我們所訴說的，因為我們從中發現生命的可能性（possibilités de vie），這是唯一給予我們快樂及力量的敘述（récit），向著他們的後繼者傾注一道光亮。當中有著與大航海家的旅行當中同樣多的發明、反思、膽量、失望及期待；況且，說真的，這也確實是在生命最遙遠、最危險的境域中所做的探索之旅。這些生命讓人驚訝的，是兩種互相衝突的本能，它們向著相反的方向互相拉扯，卻被迫要套在同一副牛軛中前進：知識的本能不斷地驅使著人放棄他已經習慣生存之地，並投入未定之境；以及那種鞭策著生命不停摸索、找尋一塊可供立足的新疆域的本能（……）。

同樣地，透過一雙靈魂之眼，我不厭其煩地要提到一系列的思想家，他們每一個都具有這種不可思議的特殊性，並且透過為他自己所發現的生命可能性而喚起了驚訝：我想說的是生活在古代希臘最充滿活力、最興盛時期的思想家，也就是生活在波希戰爭[44]前的世紀、以及生活在這些戰爭期間的思想家。因為這些思想家踽踽前行，直到找到了**生命最美的可能性**；而我認為後來的希臘人忘記了其中最好的部分；哪一個地方的人可以聲稱他們重新找到了呢？（……）。

受限於我們的本性及我們的經驗，我們很難揣測出在一個真正的文明（**une civilisation authentique**）內部，其具有強大的風格一致性（**une forte unité de style**），哲學家的任務會是什麼；因為我們並不具有這種文明。相反地，只有一個如同希臘文明的文明才能夠揭露出哲學家的任務到底是什麼；我說過，只有這種文明才能夠為哲學家證成

44. 譯註：波希戰爭（les guerres médiques）指西元前五世紀前葉發生在波斯帝國與希臘城邦之間的一系列衝突及戰役，西元前四四九年因雙方簽訂卡里阿斯和約（Paix de Callias）而畫下句點。

（justifier），因為只有它明白並且能夠證明為什麼及如何哲學家不是一個普普通通的旅行者，偶然地存活下來，並不知何故地出現在此處、出現在彼處。一條鐵律（loi d'airain）將哲學家與一種真正的文明繫在一起，但是當這樣的文明不存在時怎麼辦呢？在這種情況下，哲學家就如同一個行徑不可預測的彗星，因此讓人害怕；然而，在這種真正的文明當中，人們從一種有利的假說來看待，發出光芒的哲學家就如同太陽系中第一等的明星。希臘人證成哲學家的存在，只有在希臘人那裡，他才不處在彗星的狀態下。

*一八七五年，〈希臘悲劇時期哲學的誕生〉，收錄於《哲學的誕生》（*La naissance de la philosophie*），珍娜維耶芙・畢安紀思譯，N.R.F.出版

六、立法者哲學家

我請求大家不要再將哲學家與哲學工人（les ouvriers de la philosophie）及寬泛意義下的科學人混為一談了。正是在這方面，很要緊的是清楚地把「該誰的就歸誰」，而避免有人歸得太多、有人又太少。或許對一個真正哲學家的教育而言，他自身必定得經歷他的下等合作夥伴，那些哲學的學術勞工，停留、必應停留的各個階段。他或許應該也曾經是批判者與懷疑論者、教條擁護者與歷史學者，以及詩人與收藏家、旅行者與解謎者、倫理學家與靈媒、「自由精神」與幾乎什麼都是，如此才能走完人類價值及判斷的整套循環，養成一種能夠從山巔探索遠方、從深淵探索高峰、從狹隘角落探索所有空間的眼光及心靈。但這些只不過是完成他的工作上所要求的基本條件罷了；這個工作還需要別的；它要求他創造價值。這些哲學工人，如康德及黑格爾這種高等的類型，將觀察到並表述出一大堆的價值判斷，也就是價值上的古老**規定**（fixations anciennes），也就是說曾在**邏輯**上、**政治上**（或道德上）或**美學上**被視為真理而已經成為主導價值的這些價值的古老創造。要由這些思想家來讓所有過往的事情及判斷成為清楚的、可思考的（pensable）、可把握的（saisissable）及可掌控的（maniable），並讓「時間」精簡及戰勝過往；這個無比龐大又美妙的任務足以滿足那些最榮譽感最高、意志力最強的人。**但真正的哲學家是那些發號施令及立法的哲學家。**他們說：「就是該如此！」（Voici ce qui doit être !）他們決定人類演變的意義及原因。為此，他們運用所有哲學工人、所有已經對過去結算（liquider）的人所完成的準備工作；他們常向未來伸出創造性的手，一切既存的東西皆成為他完成此項任務的手段、工具、鐵鎚。對他們而言，「知識」是創造，他們的作品涉及立法（légiférer），他們的真理意志（volonté de vérité）就是**權力意志**。當今還有這樣的哲學家嗎？這樣的哲學家從來都沒有過嗎？這樣的哲學家不應該在未來存在嗎？

《超越善惡》，六，第二一一段，珍娜維耶芙・畢安紀思譯，Aubier出版

乙、戴奧尼索斯哲學家

「英雄是快樂的，這是直到今日悲劇作家都忽略之處。」

（*一八八二年）

七、戴奧尼索斯及阿波羅：他們的和解（悲劇）

當我們不是以理性之目光，而是以直覺之立即確定的方式明白了藝術的演化與日神（l'apollinisme）及酒神（le dionysisme）的二元性有所關聯，我們就在美學方面完成了一項決定性的進展。上述的二元性就如同生命的誕生關聯著男、女的二元性，關聯著雙方持續對抗，其間並交錯著短暫的和諧。我們從希臘人那裡借用了這兩個詞語；為了要恰當地理解它們，希臘人並不是藉由概念而是透過希臘神祇分明及極有說服力的形式來表達他們美學信仰中隱密及深層的真理。阿波羅及戴奧尼索斯這兩位藝術的保護神向我們暗示：在希臘世界中存在著一種在起源上與目的上的對立、在造型藝術或說日神藝術上與在音樂的非造型藝術或說酒神藝術上不可思議的對立。這兩種如此不同的本能肩並肩地向前邁進，泰半處於公開的衝突，相互激盪出更嚴謹的新創造，以確保兩者間僅僅是在表面上由雙方共同的藝術之名加以掩蓋的這種對立能夠持續不輟（perpétuer）；直到藉由一種古希臘「意志」（le vouloir hellénique）的形上學奇蹟，二者終於合而為一，並且在這種結合中最終促成了兼具酒神及日神性格的藝術作品，即阿提卡悲劇（la tragédie attique）。

為了更清楚地說明這兩種本能，我們首先想像它們如同由夢（rêve）與醉（ivresse）所區別出的兩種美學區塊，其生理上的表現給予了與日神及酒神之間相同的對比（……）[45]。

剩下我們該明白的是，悲劇是酒神的合唱（choeur dionysiaque），它擴散開來、向外投射出一種日神意象的世界（images apolliniennes）。交錯在悲劇中的合唱部分因此在某種意義上是整個對話的發生地（matrice），確切地說，亦即整體戲劇舞台元素的發生地。在連續幾次爆發的過程中，藉由向外擴散（irradiation），悲劇的首要背景（le fond primitif）產生了本質上如夢的戲劇視野（vision dramatique），也就是說具有史詩的（épique）特質，但在另一方面，透過具體化（objectiver）一種酒神的狀態，它所再現的不是從外表（apparence）上獲得的日神救贖（rédemption），相反地是沉沒及消融在原始大寫的存有（l'Être originel）當中。戲劇因此是酒神的概念及行動的**再現**（……）。戴奧尼索斯化身（s'objectiver）其中的日神的現象

45. 原註：此處我們無法引述這段論證的完整文字。尼采透過夢來描繪阿波羅；預言（la prophétie）如同夢的真理；度量（la mesure）如同夢的限制；而個體化原理（le principe d'individuation）如同美麗的外表。尼采用醉來描繪戴奧尼索斯；失格（la démesure）如同醉的真理；個體分解（résolution）或溶化（dissolution）在原初之大寫的根本或大寫的背景（un Fond originel）中。在後續作品的中，尼采會找到其他的特點來界定戴奧尼索斯（不過他以阿波羅以外的人物來界定戴奧尼索斯）。

不再是「一片永恆之海洋、一陣擺盪的波浪、一條熾熱的生命」，如同合唱之音樂。這也不再是那些僅僅被感受到卻沒有凝聚成形象的力量、在其中戴奧尼索斯的僕人恍惚出神並感受到神之迫近。此刻，戴奧尼索斯說話了，就在舞台上，帶著史詩形式的所有準確與堅定，不再透過莫名力量的中介，而是以史詩英雄的姿態，在一種幾乎是荷馬的語言中。

《悲劇的誕生》，一、八，珍娜維耶芙・畢安紀思譯，N.R.F.出版

八、戴奧尼索斯與蘇格拉底：他們的對立（辯證）

蘇格拉底靈魂的線索可以在他招喚他的守護神這個奇怪的現象

中找到。在一些情況裡頭，當他不凡的理性處在遲疑的狀態，拜此際對他說話的神聖聲音之賜，他重新尋獲安心。當這個聲音被聽聞到時，它總是告訴蘇格拉底在某些行為上保持自制（s'abstenir）。在這個異常的（anormale）性質中，本能的智慧（la sagesse instinctif）永遠只在與意識的知識（la connaissance consciente）唱反調的情況下才不時地現身。當在任何有生產力的人（hommes productifs）身上，本能是一種肯定及創造的力量、意識是一種批判及否定的力量，但在蘇格拉底身上本能卻變成批判的、意識變成創造的——這真是一種由於退縮（carence）而來的畸形（……）。

蘇格拉底這位柏拉圖戲中的辯證主角，他以歐里庇得斯[46]的主角們為例來告訴我們，人必得透過正反面理由來為自己的行為辯護，但這麼做卻時常導致我們失去了悲劇的感應（sympathie tragique）。因

46. 譯註：歐里庇得斯（Euripide），西元前五世紀希臘悲劇作家，與埃斯庫羅斯（Eschyle）、索福克勒斯（Sophocle）齊名，被視為古希臘悲劇三大家之一。

47. 譯註：埃斯庫羅斯，西元前六～五世紀悲劇作家，古希臘悲劇三大家之一。

48. 譯註：「詩的正義」（justice poétique）可說明如下：「『詩的正義』……是十七世紀後期英國批評家湯瑪斯·賴默（Thomas Rymer）創造的一個文學理論術語或文學研究視角，意為詩歌、小說、戲劇等文學作品應該堅持『善有善

為，怎麼會認不出來辯證（la dialectique）當中透顯出的樂觀主義呢？對它而言，它的每一項結語都是勝利，除非在意識冰冰冷冷的明晰之中，否則它無法呼吸。這種樂觀主義已經滲透到悲劇之中，注定會入侵酒神的領地，並導致它們自我摧毀，直到最終危險的一躍，墜入布爾喬亞的戲（drame bourgeois）中。讓我們看幾個蘇格拉底教誨的後果吧：「德行即知識；人們出於無知才犯錯；有德者是快樂的。」這種樂觀主義的三種基本形式等於悲劇之死。因為，自此以後有德行的英雄都是辯證者（dialecticien）；自此以後，在德行與知識、信仰與倫理之間有著一個必然且明確的關聯；自此以後，埃斯庫羅斯[47]之超驗正義（la justice transcendantale）將縮減成一種扁平的、失當的「詩的正義」[48]，並且總是伴隨著天降之神[49]（deus ex machina）（……）。

報、惡有惡報』的因果報應原則，以實現『懲惡揚善』之道德目的。……『詩的正義』概念中的『詩』實為『文學』（『詩的正義』實乃『文學的正義』），而『正義』主要指『善』或道德法則，即以『善』或道德法則的『正義』作為文學作品的最高價值標準。」參見范永康，〈「詩的正義」：一個亟需重建的文學研究視角〉，《學術論壇》，二〇一七年第四期。

49. 譯註：拉丁文成語，源自同義的古希臘成語，意指神明從舞台機關中現身，降臨神旨或化解世間困局。相對於原本敘事，有如天外飛來一筆。

武裝著三段論的鞭子，樂觀的辯證法驅逐了悲劇音樂（la musique de la tragédie），亦即摧毀了悲劇的本質，它只能是酒神狀態的一種象徵性展現（manifestation）、一種象徵性再現，它只能是音樂的一種可見化身（incarnation visible），從酒神之醉中散發出來的夢之世界。

《悲劇的誕生》，十三、十四，珍娜維耶芙．畢安紀思譯，N.R.F.出版

九、戴奧尼索斯與基督：他們的矛盾（宗教）

兩種類型：戴奧尼索斯與基督——決定宗教人（l'homme religieux）這個類型是否為一種墮落的形式（偉大的創新者毫無例外都是病態的與激動的）；但在此不是忽略了宗教人的其中一種類型，

即**異教徒**（païen）這一類型嗎？異教信仰不是一種對生命認可、肯定生命的形式嗎？它無上的代表其本人不該即是對生命的讚頌及神化（divinisation）嗎？這個其精神幸福地展開、快樂地狂喜滿溢的類型！一種吸收及彌補（racheter）生命的矛盾與模糊的精神！

希臘人奉持的酒神的理想正是被我放在這個位置上：對整個生命的宗教性肯定（l'affirmation religieuse），什麼都沒被否認、什麼都沒被剔除（請注意，在這當中，與性行為相伴隨的是深度、神祕性及尊重）。

戴奧尼索斯反對「釘在十字架上的基督」（le Crucifié）：兩者充滿對比。二者間的不同，不在於他們殉教方面的差異，而是殉教意涵上的不同。在前者身上，這是生命本身、它永恆的生殖力及它永恆回歸，這些導致了折磨、毀滅、虛無意志（volonté du néant）。在後者身上，痛苦、「無辜的釘在十字架上的基督」見證了對生命的反對及譴責。人們猜想這當中的問題出在生命意義的問題：基督教的意義或悲劇的意義？在第一種情況中，生命當是走向神聖（la sainteté）之道路；在第二種情況中，**存在本身就相當神聖**，更且足以證成無邊的痛苦。悲劇的人（l'homme tragique）甚至肯定最嚴酷的痛苦，他是如此地強大、豐盈而能夠神化（diviniser）存在；基督徒甚至否認世界上最快樂的命運；他可憐、虛弱、被剝奪，以至於受盡生命各種形式的痛苦。十字架上的神是生命的詛咒、是擺脫生命的警告；被分屍的戴奧尼索斯是對生命的許諾，他將永恆地再生，從分裂的深淵中返回。

*一八八八年，《權力意志》，IV，四六四，珍娜維耶芙·畢安紀思譯，N.R.F.出版

十、戴奧尼索斯與雅莉安：他們的互補性（酒神頌）[50]

（……）

唉！唉！

你折磨我，你這個瘋子，
你折磨我的驕傲？
給我愛情吧——誰還能溫暖我呢？
　　誰還愛我呢！——
給我一雙溫暖的手吧，
給我那暖爐般的心啊（coeurs-réchauds），
給我的、給最孤獨的我的
卻只有冰，唉！冰造成

50. 酒神頌（dithyrambe）是古希臘人紀念酒神戴奧尼索斯的抒情詩歌，最初是酒酣耳熱下的即興創作，並由一群裝扮成薩堤爾（satyre）的男人唱出，充滿激昂與失序的熱情。

對敵人多了七倍的迫不及待，
既使是敵人，還是等著
給我吧，是的，託付
你——給我吧，
你這個最殘酷的敵人！……

已經離開了！
他自己逃走了，
我唯一的伴侶，
我的偉大敵人，
我的陌生人，
我的神－劊子手！

——不！

回歸吧！

帶著你所有的酷刑！

我的所有淚水

朝向你流去！

而我心中最後一道火焰——

為你燃起！

哦，回來吧，

我陌生的神！我的痛苦我最後的幸福？

（一道閃電，戴奧尼索斯在一種綠寶石般的美中出現。）

戴奧尼索斯

謹慎點，雅莉安！……
你有小耳朵，你有我的耳朵
對它說一句明智之言！
首先別相互仇恨，假如人們應該相愛？……
我是你的迷宮……

*一八八八年，「酒神頌」（Dithyrambes dionysiaques）。改編自《查拉圖斯特拉如是說》：第四卷，〈巫師〉，亨利・亞伯特譯，Mercure de France出版

十一、戴奧尼索斯與查拉圖斯特拉：他們的同源關係（考驗）

因為我聽到一陣竊竊私語無聲地跟我說：「你知道的，查拉圖斯特拉。」

聽到這竊竊私語讓我害怕地叫了出來，臉色慘白，但我仍不發一語。

在我身上的某個東西再次地無聲竊竊私語：「你知道的，查拉圖斯特拉，只是你不說。」

我終究開了口，如同逞一時之快：「沒錯，我知道，就是不意欲說。」

「你不意欲。查拉圖斯特拉？果真如此？別裝出一副天不怕地不怕的樣子。」

我竟然像個孩子抽噎了起來、身體顫抖著說：「唉呀！我很想，但怎麼做呢？求你發發慈悲、高抬貴手吧！我實在是力有未逮。」

我再次聽到這竊竊私語隱隱約約地說：「查拉圖斯特拉，個人算什麼呢？把身上的話說出來，然後粉身碎骨吧。」

我回答：「唉呀！這話語，它真的是我的嗎？我是誰呢？我等待著一位夠格的人到來，但讓他把我粉身碎骨，我還不夠格呢。」

這竊竊私語再次隱隱約約地說：「什麼在等你有什麼要緊呢？我認為你還不夠謙卑。再沒有比謙卑的外皮（le cuir de l'humilité）更堅韌的東西了。」

我回答：「我謙卑的外皮，還有什麼是它還沒忍受過的呢？我住在自己頂峰之山腳，我的群峰有多高呢？還沒人可以告訴我。但是我對於自己的坑洞卻很清楚。」

這竊竊私語再次隱隱約約地說：「哦，查拉圖斯特拉啊，當我們為搬山移嶺而生，我們便同樣可以挪谷移豁。」

我反駁：「我的話語從未搬動過山，而我所說的話也還沒對人造成什麼影響，儘管我朝向人群走去，我還沒成功地與他們合在一起。」

這竊竊私語再次隱隱約約地說：「你懂什麼呢？露水在最靜謐的夜裡落在草上。」

我回答：「當我找到自己的道路並向前走著，人們便嘲笑我；我身軀下的雙腿已經累得發抖。」

他們還跟我說：「你已經遺忘了道路，現在你又遺忘了行走。」

這竊竊私語再次隱隱約約地說：「他們的嘲諷算什麼呢？你已經丟去了（déapprendre）服從：現在你應當發號施令。

你不清楚這世界需要誰嗎？它需要命令大事的人。

要成就大事是艱難的；但是最難的是命令大事。

你最不可原諒的缺點是你擁有權力（pouvoir）卻拒絕統治。」

我於是回答：「要發號施令，我需要有獅子的吼聲。」

再一次地，這竊竊私語對我說：「極靜之語帶來風暴。白鴿腳上繫著的思想帶領世界。

哦，查拉圖斯特拉，你化身為將至者的大寫的影子吧；如此你將發號施令、如主人般前行。」

於是我回答：「我真慚愧。」

然後我再次聽到這竊竊私語無聲地說：「你首先應當再變成孩子，甩掉這慚愧。

你身上還帶著青春的驕傲，你的春青來得太遲了；但是要再變成孩子，你還需要先戰勝青春。」

於是我陷入思索、全身發抖，最後我重複一開始已經說過的話：

「我不意欲。」

一陣笑聲圍繞著我響起。噢！這笑聲撕裂我臟腑、刺穿我的心。

這聲音最後一次跟我說：「哦，查拉圖斯特拉，你的果子已經熟了，但你卻還沒有。

那麼重回你的孤獨，以便在此受苦磨練吧。」

《查拉圖斯特拉如是說》，第二卷，〈寂靜時刻〉（L'heure du suprême silence），
珍娜維耶芙・畢安紀思譯，Aubier出版

丙、力量與權力意志

「我們永遠要反對弱者來捍衛強者。」（*一八八八年）

十二、支持一種多元論

說到意志，哲學家總是把它說的好像是世界上最讓人熟悉的東西；叔本華甚至說意志是我們唯一真正熟悉的東西，徹底全然地熟悉，恰到剛好既不多又不少。不過我總是認為，在這裡如同在別處，叔本華所做的跟通常哲學家所做的其實沒什麼兩樣，他採納了一種**流行的偏見**並將之擴展到極致的地步。在我看來，意志基本上是一種**複雜**的東西（une chose complexe），一個虛有其名但缺乏統一性的東西，而流行的偏見就立足在這種名稱上的單一性（unicité），並且蒙騙了總是欠缺謹慎態度的哲學家。因此，這一次我們要更加小心了，別再那麼哲學家了。首先，在任何的意志裡頭，都存在著感覺的多元性（pluralité de sentiments），我們意欲脫離的狀態之感覺、我們意欲趨向的狀態之感覺，以及這種「脫離」（à partir d'ici）、「趨向」（pour aller là-bas）的方向本身之感覺（sens），以及最後一種附帶而來的肌肉感（sensation musculaire accessoire），即便我們並未真的動手動腳，不過一旦我們感到「意欲」（vouloir），它便不由自主地啟動。其次，如同感覺（le sentir），其總是複合的感覺（sentir multiple），必然是意志的成分之一，意志當中也包含「思想」（un penser）。在一切的意志行為當中，都存在著發號施令的思想（une pensée qui commande）。我們並不認為思想可以跟「意欲」分離，從而獲得一種沉澱物（précipité）還能被稱得上是屬於意志的。其三，意志不單單只是由感覺與思想所組成的複合物，而且還是、更根本上是一種感情狀態（état affectif），即我們前文提到過的發號施令之情緒（émotion de commander）。人們稱之為「自由意志」（libre arbitre）的東西基本上是我們相對於臣服者（un subalterne）所感受到的優越感（sentiment de supériorité）。「我是自由的，要服從的是他」，這就是在意志的根本當中所存在的東西，此外還帶著這種緊繃的注意力、這個定焦於單一事物上的直接注視、這種絕對的判斷：「現在此為必要，其餘皆非」，那種人們要遵循的內在確定性（intime certitude）、以及一切與發號施令者之靈魂狀態有關的東西。意欲就是在自身中對著臣服著的什麼（quelque chose qui obéit）或者我們所認為臣服著的什麼發號施令。但是，我們現在來看意志最為獨特的本質，這個如此複雜但一般人卻只能以單一名詞來指稱的東西：假如在一種特定情況下，我們既是發號施令者又是服從命令者，我們在服從的同時感受到被限制、被推促、被擠壓著去反抗及掙脫的感受，這些緊緊跟隨著意志（la volition）而來的感受；但是當我們另一方面受到「我」這種綜合概念的誤導，而向來忽略這種二元論，並對我產生了錯誤的認知，其結果便是將一整套偏離事實的結論、以及自然而然地一整套關於意志本身的錯誤評價都加諸在意欲之上。以至於，意欲的人（celui qui veut）真誠地相信只需要意欲就能行動。如同，在大多數的情況中，人們僅限於意欲，同時束手等待著命令下達後的效果，也就是說服從及所設定的行為之完成，其顯露出的外表（l'apparence）就是行為應當必然地發生；簡言之，「意欲」的人帶著相當自信而認為，在某種意義上，意欲與行動就是同一回事。他將成功歸功於意欲的執行或者意欲本身，這樣的看法又在他身上強化了由於成功而帶來的權力感

（sentiment de puissance）。這個意欲的人、發號施令的人、並與執行的人混為一談、自認為是他的意志戰勝了各種阻力因而嚐到克服困難之痛快的人，「自由意志」就是他賦予這種複雜的愉快狀態的名稱。在意志的行為當中，因此在下命令的痛快當中再加上了成功執行命令的這種工具角色的痛快；在「意志」上頭，再加上了一些「臣服的」意志（volontés《subalternes》）、一些臣服、順從的靈魂，我們的身體只是好幾個靈魂所共有的集體建築。**結果是我**（L'effet, c'est moi.）；此處所發生的是在整個幸福及組織良好的集體中所發生的；統治階級將自己與集體的成功畫上等號。在一切意欲當中，所涉及的只是在一個複雜的集體結構中發號施令及服從，如我所言，這個結構是由「許多的靈魂」所構成的；這是何以一個哲學家應該可以允許自己將意欲從倫理的角度來思考，而倫理則被構思為宰制等級制度的科學（la science d'une hiérarchie dominatrice），而生命誕生於其中。

《超越善惡》，第一章，十九，珍娜維耶芙・畢安紀思譯，Aubier出版

十三、兩種力量類型：主動的與反動的

一個事物、一種習慣、一個器官的演變（*l'évolution*）全然不是一種朝向特定目標的進展，更別說是一種有邏輯的並全然依據最少力量及投入原則（un minimun de forces et de dépenses）來進行的發展——而是激烈程度不一 、或多或少相互獨立的征服現象（phénomènes d'assujettissement）相繼不輟的過程，別忘了還有層出不窮的各種反抗，各種轉變的嘗試以與抗拒與反動相抗衡，以及與行動預期相反的

幸運結局。假如形式是流動的，那麼「意義」更是如此……。我們若將任何有機體單獨分開來看，其情況也是如此：每一次有機體整體只要出現了重要的成長，每一個器官的「意義」也會有所調整——在某些情況下，它們出現局部的衰退、縮減（例如藉由中間項目的摧毀）可能是一種力量增長及向完善邁進的指標。我想說的是甚至局部無用的狀態、衰弱、退化、意義與目的之喪失，一言以蔽之，死亡，這些也都屬於一種真正的進展的條件：進展總是在意志的形式下、朝著權力**更大**（vers la puissance plus considérable）的方向上呈現，並永遠以犧牲許多較低權力的方式來達成（……）。

我會提起歷史方法上的這個重點，是因為它與主導的本能與時下流行的趨勢相左，它們還偏好湊合用著絕對偶然（le hasard absolut）、甚至是機械的荒謬性（l'absurdité mécanique）的想法，而不是採用在所有情況中起作用的**權力意志**理論。對任何發號施令者或意欲發號施令者的厭惡，這種民主派的特異體質（idiosyncrasie），現代「仇權論」（**Misarchisme moderne**）[51]（對可憎之事所用的可憎之字！）（……）在今日一點一滴地滲透在表面上最精確、最客觀的科學中。甚至對我而言，它已經主導了生理學及整個生物學，並造成負面影響，它讓生理學及生物學遺漏了一項基本概念，就是**主動**（activité）的概念。在這種特異體質的壓力之下，人們將「適應力」（faculté d'adaptation）的概念推舉出來，也就是次一級的主動，一種簡單的「反動」（réactivité），甚至以此界定了生命本身：對於外在情況，一種越來越有效的內在適應（**史賓賽**）[52]。然而，若此，人們便不明白生命的本質，即權力意志，並對於具有自發、攻擊、征服、侵略、轉換等性質的這一類力量之根本優勢視而不見，正是這一類力量不停地給予生

51. 譯註：misarchisme一字由尼采提出，用以批判其時代的自由民主體制，視之為對權力意志的否定、虛無主義的表現。

52. 譯註：史賓賽（Herbert Spencer，一八二〇～一九〇三年），英國社會學家、思想家，他從演化的角度理解社會，提出「最適者生存」（survival of the fittest）的原理，被視為社會達爾文主義代表人物。

命新的註解及新的方向，而「適應」基本上是受它們所影響；如此，人們否認了有機體最高貴功能的主權，生命之意志便在這些功能中展現其主動性及形構性。

《道德系譜學》，第二篇，十二，亨利・亞伯特譯，Mercure de France出版

十四、權力意志的兩種性質：肯定與否定

我首先發現了真正的反論（antithèse）：退化的本能，它帶著一種潛藏的恨意轉身反對生命（基督教、叔本華的哲學、在某個意義上已經顯現在柏拉圖哲學中、以及整個觀念論，這些都是很典型的反論樣式），以及一個至高肯定（l'affirmation supérieure）的說法，源

自飽滿及富饒，一種無保留的贊同，甚至是對痛苦的贊同、對過錯的贊同、對存在所具有的一切疑問及不尋常之處的贊同。這種生命最終的及快樂的肯定、滿溢及狂烈的肯定所回應的不僅是至高的悟性（entendement），更是最深層的悟性，那個真理及科學所肯定及以最嚴格的方式所支持的悟性。沒有任何存在的（ce qui existe）應該被去除，沒有什麼是多餘無用的。相對於退化本能（les instincts de la décadence）給予並有權給予它們贊同的存在面向，這些受到基督徒及其他虛無主義者所拒絕的存在面向（les côtés de l'existence）在價值等級上甚至是至高無上的。為了明白這一點，就需要有勇氣，以及——作為具有勇氣的一個前提——無比的力量（un excédent de force）；因為正是在勇氣能夠先冒險的情況下，根據相同程度的力量，我們才接近真理。對現實的認識、對現實的贊同對於強者而言是一種必然，就像對弱者而言，面對著現實，弱者受到弱小、退縮及逃避的啟發之下——「理想」是一種必然……無法自由地認識誰意欲（qui veut）的人：退化者（décadents）需要謊言，此乃它們的存在（existence）前提之一。

《瞧！這個人》，〈悲劇的誕生〉，二，亨利・亞伯特譯，Mercure de France出版[53]

十五、反動的力量如何獲勝：怨恨

當怨恨本身成為創造者、生產出價值的時候，奴隸在倫理上的反叛便開始了：奴隸的怨恨。對他們而言，真正的反動，也就是相對於主動而言的反動，是受到禁止的，於是他們只能在想像上進行報復

53. 原註：此處對原法譯本的最後一句話作了一點調整。

（vengeance imaginaire），否則他們無法找到補償。當貴族倫理來自一種凱歌高奏的自我肯定，奴隸的倫理則打從開始就對著不屬於它的倫理說「不」，對「異於」它的倫理說「不」，對它的「非我」（non-moi）說「不」：這個不就是奴隸倫理的創造行為。這種評價目光的反轉——這觀點**必然地**受到外在世界的啟發而非立足於其自身——只屬於怨恨：奴隸的倫理為了能夠誕生，它永遠需要、最優先需要的是一個對立的外在世界：套用生理學的話來說，它需要在外在的刺激下而行動；它的行動根本上是一種反動。

《道德系譜學》，第一篇，十，亨利・亞伯特譯，Mercure de France出版

十六、續：愧疚或者轉身反對自己

教士是改變怨恨導向的人。實際上，一切受苦的眾生都本能地尋找令他受苦的原因；更特別地，教士在眾生身上尋找著一個令他受苦的動因（une cause animée），或更正確地說一個責任因。簡言之，就是無論其說詞為何，一個反對自己的生命，他可以實質上或象徵地卸下他的激情；因為對受苦的生命而言，這麼做便是減輕痛苦最上乘的嘗試，我要說的是，它就是受苦生靈無意識地欲求的暈眩及麻痺以面對各種痛苦。在我看來，如此便是怨恨、報復以及一切相關事物唯一真正的生理因素，我要說的是，此乃為了與痛苦相抗衡便以激情為代價的自我麻痺的欲望（……）。受苦的人具有令人敬畏的機敏本事，能夠在痛苦的激情中找到一些託辭；他們在自己的疑慮當中玩味，並絞盡腦汁地想找出使他們自己受苦的那些明白的罪惡或過錯；為了找到幽暗、神祕的東西，好讓他們可以在痛苦的不信任中自我陶醉、在周遭惡意之毒藥中麻醉自己，他們檢視一切，直至他們過往及現在的最深處——他們粗暴地撕開最舊的傷痕，他們讓早已癒合的傷疤再度淌血，他們把自己的親朋好友都當成壞人。「我很痛苦：這一定是什麼人造成的。」——所有的病態的虔誠信徒皆如此認為。當他們的牧羊人禁慾的教士答覆他們：「我的信徒啊，這是真的，有人該為此負責：但是你本身就是這一切的原因——**你要為自己負責！**」……這真是膽大包天、真是錯得離譜！但是它至少達成了一個目標；如我所指出的，如此怨恨的導向就——改變了。

《道德系譜學》，第三篇，十五，亨利・亞伯特譯，Mercure de France出版

十七、權力意志中虛無主義如何致勝

直到今日仍然壓迫著人的詛咒是痛苦之無意義而不是痛苦本身——**而禁慾的理想便賦予了痛苦一種意義！**它是直到今日人類對痛苦所賦予的唯一意義。有意義總比沒有好；從各種角度來看，禁慾理想都只不過是「有總比沒有好」的最佳案例，僅有的權宜之計（……）。無可否定，人們給予生命的詮釋帶來了一種新的、更深層的、更內在的、更讓人窒息的、更致命的痛苦：它將所有的痛苦都看做是一個**過錯的**懲罰……然而儘管如此——它為人帶來**拯救**（salut），人有了一種意義，他從此不再是風吹落的葉子，不再是無理性偶然的、「無意義」的玩具，他從此可以**意欲**什麼——他意欲什麼、為什麼、以及為何是這個而不是那個，這些問題並不重要：**最起**

碼，**意志本身被挽回了**。此外，在禁慾的理想的引導之下，意志之本質及意義皆受到影響，對此我們不可能視而不見；這種對於人的恨、乃至於對「動物」之恨、對「物質」之恨；這種對於意義及理性本身的仇恨；這種對於幸福及美的害怕；這種想要逃離與表面、改變、生成、死亡、努力、欲望本身相關之一切的欲望——我們當敢於如此理解，這一切都意味著一種**毀滅的意志**（une volonté d'anéantissement），一種對生命的敵視，一種對於生命基本狀態的拒絕；然而它至少是、永遠是一種**意志**！……在最後我要再次重複我一開始說過的話：人寧可要有**虛無**（néant）的意志，也不要**什麼都**不意欲……。

《道德系譜學》，第三篇，廿八，亨利・亞伯特譯，Mercure de France出版

丁、從虛無主義到蛻變

「虛無主義被自己所擊敗。」（*一八八七年）

十八、神與虛無主義

人們稱基督教為憐憫（pitié）的宗教——憐憫與那些提高活力而使人奮發的情感相反：憐憫以抑鬱的方式產生作用（……）。它包容那些已熟將落的東西，它捍衛那些生命中要滅絕的、受到譴責的東西。由於它在生命中**保留**了許許多多各式各樣失敗的事物，它賦予生命本身一種幽暗、可疑的面貌。人們竟有勇氣稱憐憫為一種德行（在所有**高貴的**倫理中，憐憫被視為一項弱點）；而且還不僅止於此，人們將它等同於德行本身，所有德行的土地與源頭。然而，永遠不該忘記，這是從虛無主義哲學的角度來說的，在它的盾牌上刻著**否定生命**。叔本華說的很有道理：生命被憐憫所否定，憐憫讓生命更該被否定——憐憫是虛無主義的**實踐**。再說一次：這種抑鬱及感染性的本能阻止了保存及提高生命價值的本能；它增加並保全了所有的不幸，它是助長衰敗的主要工具之一——憐憫為**虛無**進行遊說！……人們不說「虛無」：人們說「彼岸」（l'au-delà）；或說「神」；或說「真正的生命」；或者說涅槃、拯救、極樂……一旦我們明白包裹在這些崇高詞藻中這種**敵視生命**的趨勢，這種化入宗教及倫理特殊體質當中的純真說辭就顯得**非常不純真**了（……）。

基督教關於神的概念——神，病人之神（le Dieu de malades），蜘蛛的神（Dieu l'araignée），精神的神（Dieu l'esprit）——是世界上所曾經有過最為腐敗的神性概念之一；也許是位於神類向下發展的最低的水平上：神退化到與生命相矛盾的地步，而不是對生命的頌揚及永恆的肯定！以神之名，向生命、向自然、向生活的意志宣戰！神，所有對於「此岸」（l'en-deçà）加以誣衊的說詞，所有關於「彼岸」之欺騙的說詞！這是被神化為神的虛無、被神聖化的虛無之意志！……

《反基督》，七、十八，亨利・亞伯特譯，Mercure de France出版

十九、關於「神之死」最早的一個版本

囚犯——早晨，囚犯到了勞動場：獄卒不在。一些囚犯隨即如往常般地開始工作，其他的囚犯則無動於衷，以睥睨的眼神環視著。此時，他們當中的一人走出行列，高聲地說：「想幹就幹，或啥都別

做，都沒什麼兩樣。你們的詭計已經被他識破了，獄卒比你們想像的更厲害，他會當著你們的面宣布可怕的判決。你們認識他吧，他很嚴厲又善於記仇。但注意聽我接下來所說的話：到目前為止，你們都不認識我，我跟你們所看到的樣子不同，更要緊的是，我是獄卒之子，他對我言聽計從，我有本事救你們，我也想救你們。不過，當然啦，我只救你們當中**相信**我是獄卒之子的人，其餘的人就嚐嚐不相信的惡果。」——「好！一陣沉默之後，一位年紀最大的囚犯說，我們相信你或不相信你，這對你有何重要呢？假如你的確是獄卒之子、假如你也可以說到做到、去說些好話為我們求情的話，你就是真的做了一件好事，不過把你所說的相信與不相信的事擺在一邊兒吧！」——「我什麼都不信，一位年輕的囚犯插嘴說。他想到了些什麼。我打賭一週以後我們還會在這裡活得好好的，就跟今天沒什麼兩樣，獄卒什麼都不知道。」——「假如他真的發現了什麼，他現在也什麼都不清楚了，才剛踏進勞動場上的最後一位囚犯大聲嚷著。因為獄卒剛才突然死了。」——「喂！一時之間好幾個囚犯同聲大叫著，喂！獄卒之子先生，獄卒之子先生！你的遺產在哪兒呢？搞不好現在我們是歸給你的囚犯吧？」——「我已經跟你們說過，這位備受冷落的人不疾不徐地回答，每一個相信我的人，我將放他自由。這點我向你們保證，就像我保證我父親還活著一樣。」——囚犯收起笑容，但聳聳肩，走開，徒留他在此。

《浪跡者及其影子》，八十四，亨利・亞伯特譯，Mercure de France出版

廿、神死了

「查拉圖斯特拉，查拉圖斯特拉，來猜猜我的謎題。說吧、你說吧：對**目擊者**（le Témoin）的**報復**是什麼？

後退，請你後退一點，冰很滑。小心別讓傲慢在此摔斷了你的腿。

傲慢的查拉圖斯特拉，你自以為很有智慧嗎？那麼就猜猜這個謎題，你這個最愛找麻煩的人。猜猜我是什麼。說吧，我是誰？」

然而，當查拉圖斯特拉聽到這些話，你們認為他靈魂中一閃而過的是什麼？**憐憫**向他襲來，他沉沉地倒下，有如抵抗眾多伐木者良久的一株橡樹，瞬然沉甸甸地倒下，甚至連那些想砍倒它的人也感到恐懼。但他馬上站了起來，神色堅定。

「我認出你了，他以一種無情的聲音說，你是殺死神的兇手。讓我走吧。

你無法忍受他看到你，你的一切盡在他的眼下，無時無刻不看穿你，啊，最醜陋的人。你報復目擊者。」

語畢，查拉圖斯特拉想繼續他的路途，但是莫名的存在拉住他的衣角，一邊發出咕嚕咕嚕的聲音，一邊想著怎麼說。「留步！它終於說話了。」

「留步！別走！我猜到是哪一把斧頭把你砍倒了。但很不錯，查拉圖斯特拉，你又站起來了。

「我知道，你料想的到殺死神的兇手應該會有什麼感受。留步！在我旁邊坐下，沒什麼好怕的。

「除了走向你，我還想向誰那兒走去呢？留步！坐下。但別看我。也請你尊重——我的醜陋。

「他們迫害我；你是我最後的庇護所。追討（poursuivre）我的並不是他們的憎恨，也不是他們的打手——唉呀！這類的追討對我算不了什麼，我並且還以此為榮、以此為樂。

「成功不都總是都歸在受到嚴厲追討的人這邊嗎？而且在追討當中，人們學習**跟隨**（suivre），因為人們亦步亦趨地跟著受他們所追討的人而行。然而讓我逃離的是他們的**憐憫**。

「為了對抗憐憫，所以我才來請求你的庇護。哦，查拉圖斯特拉保護我，你是我最後的庇護所，你是唯一猜出我的人！

（……）

不過你自己也是，當心你自己的憐憫。因為一大群人正四處尋找你，所有的受苦的人、懷疑的人、絕望的人、那些快要溺死的人、將被凍死的人。

「我警告你也小心我。不知幸與不幸，你猜出了我這個謎題，你猜出了我是誰及我的所為。我知道可以砍倒你的斧頭。

「但是祂（Lui）——祂非死不可。祂的眼看盡一切，祂看透人類，人類所有隱藏的羞愧與醜陋。

「祂的憐憫不知節制。祂慢慢深入最汙穢的角落，好奇心重、不知保留、憐憫成狂；祂非死不可。

「祂不停地看著我；我只想報復這個目擊者——或者但求一死。

神看盡一切、甚至人，祂非死不可。人無法忍受這樣的目擊者活著。」

最醜陋的人如是說……

《查拉圖斯特拉如是說》，第四卷，〈最醜陋的人〉，珍娜維耶芙・畢安紀思譯，Aubier出版

廿一、神死之後，虛無主義還在

生成沒有目標；生成並未受到任何偉大的統一性所引導，其中個體完全投身其中，就有如無上價值的一個成分一樣。一旦這兩項事實獲得承認，那麼就只剩下一種可能的**脫身之道**：譴責這整個生成的世界如同幻影，並發明出一個位於彼岸的世界，它是**真實的**世界（le monde *vrai*）。然而，打從人發現這個世界不過只是建立在他自己的心理需求上頭，全然不具有值得信賴的基礎，我們看到從中浮現出虛無主義最後的形式，它涉及**對形上學世界的否定**，禁止相信一個**真實的**

世界。到了這個地步，人們承認生成的實在（la réalité du devenir）就是**唯一**的實在，人們禁止所有導引人們信仰別的世界及信仰偽神的歧路——但是**人們無法忍受這個連否定之意志**（*la volonté de nier*）**都已經不存在的世界**……

——因此當中發生了什麼呢？當人們明白，在其整體中，存在（l'existence）既無法藉由「**目的**」的概念來獲得解釋，也無法藉由「**統一性**」的概念來獲得解釋、此外「**真理**」的概念也不行，人們便達到了存在**無價值**（non-valeur）的感覺。如此，人通向無處、人沒有什麼可以達到；在生成的多元性（la pluralité du devenir）中不存在整體的統一性：存在的特性不是為「真」（être vrai），而是為偽（*être fausse*）……人們沒有任何理由認為存在著一個真的世界……總之，透過「**目的**」、「**統一性**」、「**存有**」範疇，我們將價值賦予世界，現在我們將它們從世界中移除——世界喪失了所有價值……[54]。

*一八八七年，《權力意志》，第三卷，一一一，珍娜維耶芙・畢安紀思譯，Aubier出版

廿二、等待的必要

瘋子——你們沒有聽說這個瘋子大白天打著一只燈籠，在廣場上跑來跑去，不停地大聲喊叫：「我找神！我找神！」不過因為眾人多半不信神，所以他的叫聲引來群眾大笑。他跟小孩一樣迷糊了嗎？假裝的嗎？他怕我們嗎？他搭船來的嗎？他從外地來的嗎？他們如此又叫囂又嘲笑。瘋子從他們中間跳了出來，看著他們：「神去哪兒了？他大叫，我馬上告訴你們。**我們把祂殺了**……你們和我！就是我們，

54. 原註：這段文字摘要說明了尼采眼下的整個虛無主義歷史，並且描述了虛無主義最後的形式：查拉圖斯特拉稱此為「最後的人」（序言，五；參考第二卷，「預言者」）。我們別把「最後的人」與下一個形式「尋死的人」混為一談，「尋死的人」已然標誌著走出虛無主義之後的人了。此方面參見本書「尼采文摘」，廿三。

尼采文摘

我們全都是殺死神的兇手！但是，我們是怎麼做的？我們怎麼能夠把海水掏乾？誰給了我們一塊海綿拭去了地平線？當我們把地球與太陽繫在一起的鏈條解開了，我們究竟做了什麼？地球現在要去哪兒？我們自己要去哪兒？遠離所有的太陽嗎？我們不會無止盡地墜落？向前、向後、側邊、所有的側邊？一個在上、一個在下，還是這樣嗎？我們是不是在無垠的虛無當中流浪？我們沒察覺到吹拂在臉上的虛空之氣嗎？不是更冷了嗎？到來的不總是夜晚、越來越多的夜晚嗎？不是應該一早就開始點起燈籠嗎？我們還是沒聽到埋葬神的掘墓者所發出的聲響嗎？對於神性的腐敗，我們還是一無所感嗎？……諸神也腐敗著！神死了！神仍然死了！我們是殺死神的人！我們如何獲得安慰，兇手當中的兇手！直至今日，世界所能夠擁有的最神聖的、威力最強的東西在我們的刀下淌血；……誰能為我們洗去這一身血腥呢？

怎樣的水可以讓我們洗淨？什麼樣的贖罪方式、什麼樣的神聖儀式是我們必得要發明出來的呢？這件事的重大程度對我們來說太過重大了，以至於難道我們不該把自己變成神、單單只是為了讓自己能夠有點匹配得上的樣子嗎？再也沒有比這更偉大的舉動了，無論拿什麼相較皆是如此。由於這個舉動，在我們之後出生的人都歸屬於一段前所未有、更高的歷史！」說完這幾句話，這個瘋子就緘默起來，再一次地注視著他的聽眾：他們也跟他一樣不說話、驚訝地看著他。最後，他把燈籠甩到地上，燈籠四分五裂，燈火也熄滅。「我到得太早」，這時他說，「我的時代還沒到來。這件極其嚴重的大事也還在半路上，它走著，但還沒傳到人的耳裡。需要閃電及打雷的時間，需要星球光照的時間，需要行動的時間，即便行動已經完成，也需要被看到及聽到的時間。對他們而言，這個行動比最遙遠的星座都還要遙遠；

然而這個行動卻是在他們的手中完成！」人們還說到這個瘋子同一天去了好幾間教堂，到處高唱神啊，願你的靈魂安息（Requiem aeternam Deo），並屢屢被逐出教堂，受到盤問，他每次都給出同樣的回答：「除了是神的墳墓及葬禮紀念碑，教堂還能是什麼？」

《歡愉的智慧》，第三卷，一二五，亞歷山大・維亞拉特（Alexandre Vialatte）譯，N.R.F.出版

廿三、趨近於蛻變

人之偉大在於他是橋而不是界標（terme）；人之可愛在於他是過渡（transition）及滅亡（perdition）。

我喜愛那些以死而生的人（ceux qui ne savent vivre qu'à condition de périr），因為人在置之死地之中超越。

我喜愛那些身上裝滿了極大蔑視的人，因為他們懷抱著至高的尊敬，他們是緊繃的欲望射向另一頭的箭。

我喜愛那些人，他們毋須越過星斗去尋找令其赴死及獻身的理由，只在大地上自我犧牲，為了大地有一日能成為超人（Surhumain）之國度。

我喜愛那些只為知道而活的人，他意欲知道是為了讓超人有一天能活。因此，他以其方式意欲自己的滅亡（perte）。

我喜愛那些為了有朝一日能替超人建立居所、並且為了他的到來而整理土地、動物及植物、而工作及發明的人；因此，他以他的方式意欲自己的滅亡。

我喜愛那個愛其德行之人；因為德行就是死之意志（la volonté de périr）及無盡欲望之箭。

我喜愛那個對其精神絲毫不予以保留的人，他只是自己德性之精髓（quintessence）；他就在淬鍊過的精神（esprit quintessencié）之狀態下越過了橋。

我喜愛那個以其德行為傾向及其命運的人；因此為了德行之愛，他同時意欲活著與不再活著。

我喜愛那個一點也不意欲有太多德行的人。一種德行勝於二種，這是更有力的結，命運依附之。

我喜愛那個有著愛揮霍的靈魂、拒絕一切感謝並不求回報的人；因為他不停給予，卻絕不為自己保留什麼。

我喜愛那個擲出一把好骰子總是感到羞愧的人，此時他自忖：

「我是個騙子嗎？」因為他的意志是死之意志。

我喜愛那個在其行動前散播出一番美好話語的人，他信守的總是多於承諾的；因為他的意志是死之意志。

我喜愛那個人，他事先替未來的人辯護而釋放過去的人；因為他的意志是今日之人去死的意志（périr par ceux d'aujourd'hui）。

我喜愛那個因為他愛他的神而懲罰祂的人；因為他在他的神之憤怒中死去。

我喜愛那個人，他的靈魂很深沉，深至他的傷痕裡，他可以只因任何無意義的事故而死；因為他自願過橋。

我喜愛那個靈魂飽滿、乃至於失去了自我意識、並將一切扛在身上的人；因此是所有事情的總體導致了他的死亡。

我喜愛那個懷有自由精神、自由之心的人；因此，他的頭僅僅是他心的臟腑，但他的心將他推向死亡。

我喜愛那些像是從籠罩在人類頭頂上的烏雲裡頭一滴一滴落下的沉沉雨滴；他們宣告閃電將至，他們以作為如此的宣告者而死。

我是雷的宣告者，我是從烏雲上落下的沉沉雨滴；但是這個雷，它就是超人。

《查拉圖斯特拉如是說》，〈序言〉，四，珍娜維耶芙・畢安紀思譯，Aubier出版

廿四、蛻變：否定是為了更高的肯定

關於查拉圖斯特拉這個人物裡頭的心理問題可以透過下述的方式說明：面對著至今仍受肯定的一切，一個堅持最高否定的人、一個

以否定來行動的人，如何還能同時是最輕盈、最遙遠的——查拉圖斯特拉是舞者；一個對實在進行最嚴格、最可怕檢驗的人、一個想像著「最深刻觀念」（les idées les plus profondes）的人，如何沒有因此反對存在、甚至是對於存在的永恆回歸也不反對，甚至找到對一切事物的永恆的肯定（l'éternelle affirmation de toutes choses）作為**是他本身**（être lui-même）的理由，「大量、無止盡地說**是**及**阿門**（amen）」……「在所有的深淵裡頭，我帶著我的肯定，它祝福……」不過，**我再說一次，這也就是戴奧尼索斯這個概念本身要說的**。

《瞧！這個人》，〈查拉圖斯特拉如是說〉，六，亨利・亞伯特譯，Mercure de France出版

廿五、權力意志的肯定性本質

主宰欲（Besoin de dominer）：是留給鐵石心腸之人的滾燙權杖；是留給最殘酷者的殘忍殉教；是活人噼啪作響的柴堆中冒出的黑暗火焰。

主宰欲：是吸附在最驕傲的民族身上的嗜血牛虻；是對不堅定的德行的辱罵；是跨坐在所有馬鞍之上、所有驕傲之上的騎兵。

主宰欲：是打破及粉碎空心的或受蟲蛀蝕的一切的地震；是將惺惺作態的偽君子轟隆隆席捲而去並施以懲罰的毀滅性崩塌；是在未成熟的答覆旁質問的閃電。

主宰欲：在其俾倪之下，人匍匐而行，變得更低下、更卑屈，比蛇或豬還不如——這正是巨大蔑視之狂嚎在他身上甦醒的時候。

主宰欲：巨大蔑視的主人令人畏懼，他到城市、到王國公開地宣揚：「（你們）消失吧！」，直到他們之中冒出一個聲音：「**（我們）消失吧！**」

主宰欲：帶著你所有的魅力，你也過來尋找那純潔的與那孤獨的東西，你登上了其自身具足的高處，你熾熱的有如一股愛在地平線上畫了迷人的風景以及染得又紅又紫的至福。

主宰欲：但是怎麼稱這種俯首於權力的偉大為欲望呢？實際上，在這一類的欲望中、在這一類的俯首中沒什麼病態的、沒什麼貪婪的。

願孤獨的偉大不想要永恆地處於孤獨中以自滿，願山俯身向谷，願高處的風吹向低窪。

哦！誰能說出真正的名字、這個足以符合此種渴望的德行的名字呢？施予的德行（la vertu qui donne），這就是一日查拉圖斯特拉給這個難以名之的感覺的名字。

《查拉圖斯特拉如是說》，第三卷，「論三惡」（Des trois maux），珍娜維耶芙・畢安紀思譯，Aubier出版

戊、永恆回歸

「我現在要講查拉圖斯特拉的故事。這個作品的基本概念是永恆回歸的想法，肯定之至高表述方式。」（《瞧！這個人》）

廿六、權力意志與永恆回歸

意欲（le vouloir），這就是救贖者的名字、快樂之使者的名字；朋友們，這方面，我曾經教過你們。不過，現在請你們再記得一點：意志本身是受到束縛的（captif）。

意欲即解放（délivrance）。但如何稱呼這個將解放者（libérateur）囚禁起來的東西呢？

「這屬於過去，這是一件事實。」——這句話讓處在孤獨無助之中的意志滿是懊悔與痛苦。無能對抗成為過去的一切，它懷著敵意看著整個過去。

意欲對於其身後的一切無能為力。它無法摧毀時間，也沒有辦法摧毀時間吞噬一切的貪婪，這就是意欲最孤獨無助的不幸。

意欲即解放；意欲會發明什麼來跨過它的不幸、來無視它的牢籠呢？

唉呀！所有的囚犯都變成瘋子！受到束縛的意欲也瘋狂地想辦法掙脫。

時間無法倒退，這正是它的不滿。「既成事實」（fait accompli）是它動不了的石塊。

如此，它纏繞起一團又一團的怨氣與怒意，報復著任何不像它感受到怨氣與怒意的東西。

如此，帶來解放的意欲把自己搞成惡者，它對能感受到痛苦的一切東西進行報復，只因為時間不能倒退。

因為這就是報復的本來面貌；意欲對於時間及一去不返的過去之怨恨。

實際上，我們的意欲中存在著一種很大的瘋狂。這種瘋狂學著把自己變成精神，對所有的人類而言，這是一種詛咒。

報復的精神，哦，朋友們，這是直至今日人類身上所擁有的最高級的反思形式；痛苦存在之處，人們便要求這痛苦是懲罰。

懲罰——這就是報復給自己的名字，這是個騙人的字眼，讓報復得以假裝好意。

因為在意欲身上有著痛苦，因為它無法回到過去，便需要意欲本身及整個生命都像是一種懲罰。

從此，一層又一層的烏雲積聚在精神上，直到有一天瘋狂終於開始宣揚，它說：「一切都正在過去中（Tout passe），因此一切都值得過去。

這個強迫時間吞噬自己小孩的時間法則（loi du temps）就是正義本身。」——瘋狂如是宣揚。

「一切事物都按照一種合法性（légalité）及懲罰的倫理秩序來規約。我們如何從存在所是的無止盡的事物及懲罰之流中脫身？」——瘋狂如是宣揚。

「假如存在一個永恆的法律，那麼就有了救贖嗎？唉！沒有任何人可以轉動得了『既成事實』這塊石頭；一切的苦難必然地是永恆的。」瘋狂如是宣揚。

「沒有任何行動可以被抹除。懲罰如何能將之去除呢？這確實是存在所是的這個懲罰的永恆性質；存在只能是一個由行為及錯誤所組成的永恆序列。

除非意欲能掙脫，除非意欲變成不意欲（non-vouloir）」——但是你們知道嗎，我的兄弟，這是重彈不講道理的老調。

現在我讓你們擺脫這種老調，我教你們：意欲就是創造者（créateur）。

過往的一切如今都只是片斷（fragment）、謎及可怕的偶然，直到意欲這個創造（le vouloir créateur）宣稱：「但是我過往如此意欲它。」

直到意欲這個創造者宣稱：「但是我現在如此意欲它。而我未來將如此意欲它。」

但是它曾經說過這些話嗎？而且未來它什麼時候會說呢？意欲已經卸下了它自己瘋狂的這一身盔甲了嗎？

意欲已經變成自己的救贖者、快樂之使者了嗎？它已經忘記了曾經學會的報復精神及所有咬牙切齒之恨嗎？

因此是誰教導它與時間和解並且做到比和解更高的東西的呢？

意欲就是權力意欲，它應該意欲的東西超越了任何和解——但是它怎麼辦到的？是誰教導它甚至意欲一切過往所是（tout ce qui fut）之回歸呢？

《查拉圖斯特拉如是說》，第二卷，〈論救贖〉，珍娜維耶芙・畢安紀思譯，Aubier出版

廿七、永恆回歸為什麼讓人恐懼

我被綁縛在十字架上，這並不是因為我知道人是惡的，而是因為我宣揚了人所未曾宣揚過的東西：

唉！人最糟的事仍舊是那麼微不足道！唉！人最好的事仍舊那麼微不足道！

我對人的噁心——這滑進我的喉嚨、然後讓我窒息的牲畜；而這先知的話：「一切都一樣，一切都不值得，知識讓我們窒息。」

漫長的黃昏在我面前舉步維艱，一股憂愁讓人煩死、醉死，邊打哈欠邊說。

「他會永遠回返，那個你所厭倦的人，平庸的人」——打著哈欠，我的憂愁如是說，拖著沉甸甸的腳步，無法入睡。

我看到人類之地變得空洞，它的胸膛陷落，一切活著的東西在我眼裡有如人類的腐敗物，帶著一副骨骸及遭受蟲蛀的過往。

我的嘆息停駐在所有人類的墳上，再也無法離開。我的呻吟及我的質疑無止息如蛙鳴般地呱呱作響、窒息我、啃食我及日夜悲嘆：

「唉！人永恆回返！平庸的人永恆回返！」

不久前，我才看到他們倆人赤身裸體，那最偉大的人及最渺小的人，他們太像了，最偉大的人還太過於人的（trop humain），

最偉大的人還太過於渺小了！這就是人讓我感到噁心之處、這就是最渺小的人的永恆大寫的回歸讓我感到噁心之處。這就是整個存在讓我感到噁心之處。

啊！噁心，噁心，噁心啊！——嘆息著、顫抖著的查拉圖斯特拉如是說；因為從人的身上，他回想起他的病。

《查拉圖斯特拉如是說》，第三卷，〈康復之人〉（Le convalescent），珍娜維耶芙・畢安紀思譯，Aubier出版

廿八、被超越的恐懼：作為選擇性思想（pensée sélective）的永恆回歸

「然而，如果一切都已經被決定了，我如何能安排自己的行為？」思想及信仰沉甸甸地壓在你身上，較諸其他重量有過之而無不及。你說食物、地點、空氣、社會改變了你、限定了你？那麼，你的意見所產生的作用更大，因為是它們決定你關於你的食物、居所、空氣、社會的選擇。假如，在所有思想中，你吸收了這個思想，它將會改變你。假如，在一切你所意欲去做的事情中，你從問問自己開始：

「我意欲無窮次地做它，確定嗎？」這將是對你而言最為堅固的重心。

（……）我的道理傳授：「活著，以你該希望再活著的方式活著，這是本分（le devoir）——因為無論如何你都會再活著！視努力為至高無上快樂的人，他盡全力！在任何休息前先愛的人，他休息！在任何臣服、遵從及追隨之前先愛的人，他服從！不過他很清楚他偏好什麼，他在任何手段前絕不退縮！他來自永恆！」

這個道理對不相信它的人是溫和的；它既無地獄亦無威脅。不信它的人只覺得自己是一個來去匆匆的生命。

一八八一年*，《權力意志》，第四卷，二四二～二四四，珍娜維耶芙．畢安紀思譯，N.R.F.出版

廿九、被超越的恐懼：作為選擇性存有（être sélectif）的永恆回歸

（1）

如果我是先知，滿懷著這先知的精神，在兩片海之間的高聳山脊上流浪，

有如一片沉重的烏雲，在過去與未來之間來來去去，是沉悶窒息的低谷、所有非死非生疲憊存有之敵人，一片永遠準備好要從其幽暗心底釋放出閃電、解放的雷，說是的雷（qui dit oui），它的笑容說是，先知的閃電，

（然而，無論是誰在其胸懷中帶著如此的雷都幸福呢，因為事實上他當天長地久地懸浮著，就如同一片飄在山側的暴風雨厚雲，他注

定要燃起未來的火炬）——

啊！我如何不會燃起永恆之欲望呢！一切指戒中的指戒（l'anneau des anneaux）的欲望、這個永恆大寫的回歸（le Retour）的婚戒呢！

我還沒有遇到我意欲跟她一同孕育孩子的女人，除了我愛的這個女人，因為我愛你，永恆！

因為我愛你，永恆！

（2）

如果我的憤怒曾破壞了墳墓、搬移了界碑、讓古老石碑滾落深淵而碎裂，

如果我的嘲諷曾颳起了一陣強風把腐朽的言辭都吹散，如果我曾

是一枝掃帚驅趕了扛十字架的蜘蛛、曾是一陣風在密不透風的古老墳墓中吹入氣息，

如果我曾以勝利之姿端踞在死去諸神的陵寢上，並在這些過往毀謗這世界的諸神紀念碑旁祝福這個世界、愛這個世界，
只因我愛直到愛這些教堂及諸神之墓，只要天空能以其純淨的目光穿越它們殘破的屋頂而傾注下來；就像蔓草與麗春花一樣，我也愛棲息在頹圮的教堂裡——

啊！我如何不會燃起永恆之欲望、一切指戒中的指戒的欲望、這個永恆大寫的回歸的婚戒呢？

我還沒有遇到我意欲跟她一同孕育孩子的女人，除了我愛的這個女人，因為我愛你，永恆！

因為我愛你，永恆！

(3)

如果我曾經感受到這股創造者精神之氣息、這股讓一切偶然（les hasards）跳起眾星圓舞曲的宇宙必然性的氣息的話，

如果我曾經笑如創造者閃電之笑，漫長的行動之雷追隨著它，隆隆作響但又順從，

如果我曾經在大地的神桌上跟眾神們擲骰子，以至於讓大地震盪、崩裂並噴出烈焰的激流，

——只因為大地是眾神的桌子，當革新的、創造性的話語迴盪不已，而眾神擲起骰子，它便震動；——

啊！我如何不會燃起永恆之欲望呢！一切指戒中的指戒的欲望、這個永恆大寫的回歸的婚戒呢！

我還沒有遇到我意欲跟她一同孕育孩子的女人，除了我愛的這個女人，因為我愛你，永恆！

因為我愛你，永恆！（……）

《查拉圖斯特拉如是說》，第三卷，〈七印〉（Les sept sceaux）[55]，

珍娜維耶芙・畢安紀思譯，Aubier出版

卅、雙重的肯定

（……）

存有之至高無上的星宿！

永恆視野之指引台！

55. 譯註：「七印」語出《新約聖經》，聖約翰〈啟示錄〉（L'Apocalypse）。

是你朝我這邊走來嗎？——
無人目睹，
你無聲的美。——
在我的目光下，這美怎麼沒逃呢？
必然之標記！
永恆視野之指引碑！
——然而你很明白：
所有人憎惡，
唯有我愛，
你很明白你是永恆的！
你很明白你是必然的！
我的愛不會永恆地燃燒，若非必然。

必然之標記！
存有之至高無上的星宿
——沒有任何願望能夠搆得著，
沒有任何否定能夠玷汙，
存有之永恆肯定，
我永恆地是你的肯定：
因為我愛你，永恆！——

*一八八八年，《酒神頌》，亨利·亞伯特譯，Mercure de France出版

卅一、超人

我來教你們超人。人的存在，只是為了被超越。你們做了什麼來超越人呢？

直到今日，一切存在都創造了超越它們自身的東西，你們想要成為這個巨大潮汐的退潮、退回到牲畜而不是超越人類嗎？

對於人而言，猿猴是什麼呢？是嘲諷或痛苦的恥辱。對於超人（le Surhumain）而言，人也是如此，是嘲諷或痛苦的恥辱。

你們走過了從蠕蟲到人的路途，你們身上還有很高的蠕蟲成分。過往你們曾經是猿猴，甚至現在比起任何的猿猴，人都還要像猿猴。

甚至你們當中最有智慧的人也不過是混種（hybride）及不協調的東西，半植物、半幽靈。我說你們是幽靈還是植物呢？

現在我教你們超人。

超人是大地的方向。願你們的意志說：超人可以成為大地的方向！

我請求你們，我的兄弟啊，**繼續忠於大地**，別相信那些跟你們說超越世間希望的人。無論是否自知，這盡是些蠱惑者。

這盡是些生命的蔑視者、垂死之人、中毒的人，他們的大地疲累不已：因此願他們死去！

過往，毀謗神為最嚴重的毀謗。但神死了，毀謗者也隨之而死。今後，最可怕的罪就是毀謗大地、賦予高深莫測之深處的價值多過於大地的方向（……）。

《查拉圖斯特拉如是說》，前言，三，珍娜維耶芙・畢安紀思譯，Aubier出版

卅二、超人的意涵

例如，「超人」（Surhumain）此字指一種絕對完美的類型（un type de perfection absolue），相對於「現代」人、「好」人（l'homme bon），相對於基督徒及其他的虛無主義者。當它從道德毀壞者查拉圖斯特拉口中說出，此字具有豐富的意涵，值得思索一番。幾乎各處可見，人們看似出於無辜地賦予此字一種意涵，這與查拉圖斯特拉這個人物所肯定的價值絕然相矛盾，我要說的是人們把它搞成「觀念論的」一類型的高等人，半「聖人」、半「天才」……因為這個字，其他頂著學識的犄角之徒以達爾文主義來質疑我，甚至有人想從中發現卡萊爾[56]的「英雄崇拜」（culte des héros），這位無意識的偉大偽鈔製造者，這個崇拜我曾以揶揄的方式予以駁斥。當我在某人的耳邊低聲地

56. 譯註：湯瑪斯・卡萊爾（Thomas Carlyle，一七九五～一八八一年），蘇格蘭社會評論家、諷刺作家、史學家、數學家。在《英雄與英雄崇拜》（*On Heroes, Hero-Worship, and The Heroic in History*）中，他主張偉大人物（Great Man）的行為在歷史當中扮演著關鍵的角色，並認為世界歷史只不過是偉人的傳記。

說，與其問帕西法爾（Parsifal），還不如去問凱薩·波吉亞[57]，他不相信耳朵所聽到的。

（……）

你們看啊，查拉圖斯特拉從山上下來，為了告訴每個人至善之事！你們看啊，他伸出多麼細緻溫柔的一隻手，甚至碰觸了他的敵人及教士，他因他們而受苦，與他們一起受苦——在此處，在每一分鐘裡，人被超越，「超人」的觀念成為最高的實在。在無窮遠之處，一切在人身上至今為止被稱作偉大的東西都在他之下。如同帶來好兆頭的翠鳥（le caractère alcyonien）[58]、輕盈的雙足、兇惡及猛烈並存、此外尚有查拉圖斯特拉這個人物中的典型之處，從來未曾被當成偉大的本直的屬性而夢想過。在空間的範圍中、在對矛盾事物的接近性中，查拉圖斯特拉清楚知道自己屬於一切存在者的至高種類（……）。

57. 譯註：凱薩·波吉亞（César Borgia，一四七五～一五〇七年），義大利文藝復興時期封建領主、教皇亞歷山大六世（Alexander VI）之子。馬基維利在《君王論》（*Le prince*）中多次提及他，凱薩·波吉亞被認為就是馬基維利寫作時所參照的人物範本。帕西法爾是華格納歌劇作品《帕西法爾》的主角，故事取材自中世紀的聖盃傳說，訴說著人通過重重考驗而成聖的過程，充滿了基督教的價值觀。

58. 譯註：翠鳥（alcyon）是神話故事中的海鳥，被古希臘人及詩人認為是一種樂觀的徵兆，因為根據傳說，它只在平靜的海面上築巢，象徵著遠離災厄。

《瞧！這個人》。分別參見〈何以我寫出了如此的好書〉，一；〈查拉圖斯特拉如是說〉，六，亨利・亞伯特譯，Mercure de France出版

結語：論瘋狂

「有時瘋狂本身也是一道面具，掩飾著一個無可避免又太過清楚的認識。」（《超越善惡》）

「說到底，我比較喜歡自己是一位巴塞爾的教授而勝於是神，但是我不敢將我個人的私心放得太大，而放棄了世界的創造。你們看，做些犧牲是有必要的，在我們所生活的地方，以及在某種方式下，我們活著就是為了犧牲……令人感到惱怒的、令我的謙遜感到不舒服的，說到底，就是大寫的歷史的每個名字是我。至於我誕生於世的這些小孩，情況就是，我帶著懷疑而自問，是否所有進入神之王國的人並不是也來自於神。這個秋天，我並不驚嘆於參加了兩次我的葬禮，首先是身如羅比蘭特伯爵[59]（的喪禮）（不！他是我的

59. 譯註：羅比蘭特伯爵（comte Robilant）本名卡羅・尼可力斯（Carlo Felice Nicolis，一八二六～一八八八年），義大利將軍、外交官、政治人物。

兒子，我怎麼沒有忠於自己，我是卡羅・阿貝托[60]）；不過安東奈利[61]（的喪禮），我自己就曾是他了……。」（*〈致布克哈特信件〉[62]，一八八九年一月六日）

卅三、瘋狂與諸神

希臘人長期仰仗諸神來面對一切由「怨恨」所造成的退卻，以便能在與他們靈魂之自由（liberté d'âme）相安無事的情況下仍可保有享受的權利（le droit de jouir）：因此，這與基督教神的觀念正好相反。他們在這條路上走得很遠，這些在獅子心中優秀的超齡孩子（enfants terribles）；甚至，有的時候，在荷馬筆下極具權威的宙斯會讓他們明白做得太過分了。這奇怪了，有一次祂說——這個情況與埃吉斯特[63]

60. 譯註：卡羅・阿貝托（Carlo Alberto di Savoia，一七九八～一八四九年），出生薩瓦家族（Maison de Savoie）的義大利貴族，是薩丁尼國王、薩瓦公爵、熱內亞公爵等，義大利統一後第一任國王伊曼紐二世之父。他並非羅比蘭特伯爵之父，但與其母有染。

61. 譯註：安東奈利（Alessandro Antonelli，一七九八～一八八八年），義大利建築師，一八八八年死於杜林，尼采曾目睹其葬禮。

62. 譯註：雅各・布克哈特（Jacob Burckhardt，一八一八～一八九七年），瑞士藝術史

有關，一個頗棘手的狀況，

這奇怪了，看到那些必死之人埋怨著諸神！
一切的惡都來自我們，聽聽他們說的！然而，不也來自他們，
由於他們的瘋狂，創造了他們自己的不幸，無論命運如何。

不過人們聽到、人們注意到這位旁觀者、這位奧林匹亞的裁判者遠遠沒有因此而責怪他們、遠遠沒有抱怨他們：「他們很瘋狂！」——面對著這些必死之人的為非作歹，他如此思考——「瘋狂」、「失去理性」、有點「頭腦不清」。這也是那些生活在最興盛、最勇敢時期的希臘人所接受的，以此解釋許許多多令人惱怒及不幸之事的源頭：——瘋狂，而非罪惡（péché）！你們明白了嗎？……再則，這種頭腦不清的事，對他們而言也成為一個問題——「這種頭腦不清如何可能呢？我們這些有著高貴出身的人，我們這些幸福、一

家、歷史哲學家，著名的義大利文藝復興時期藝術研究者。

63. 譯註：埃吉斯特（Égisthe），希臘神話中的人物，其父為邁錫尼國王，為亂倫所生，後弒其養父及異父兄弟，自己又為姪子所殺。

路順遂、出類拔萃、來自高水平社會並具有德行的人，這種頭腦不清的事怎麼會發生在我們這樣的腦袋裡呢？」——這便是在幾個世紀間高貴的希臘人「對自己」所提出的問題。面對一切在他們眼中難以理解的犯罪或暴行，但是他們當中的一個人卻被玷汙了。「這應當是神蒙蔽了他」，希臘人最終一邊搖著頭一邊這麼認為……在希臘人身上，這樣的藉口很典型……這就是運用諸神在某種程度上為人類進行辯解的方法，甚至用在他們的不良行為上。諸神被用來詮釋惡的原因——在這時期，諸神所扛起來的不是懲罰而是更為高尚的過失（ce qui est plus noble）……

《道德系譜學》，第二章，廿三，亨利・亞伯特譯，Mercure de France出版

卅四、瘋狂的功能

瘋狂為新觀念開路、打破習俗及迷信的束縛，幾乎到處皆是如此。你們明白為什麼需要求助於瘋狂嗎？是因為在聲音上及狀態上需要某種跟暴風及大海惡魔般的善變同樣可怕又無法計算的東西，因此基於同一個理由，也就是需要某種值得讓人害怕及尊重的東西嗎？是因為需要某種跟癲癇痙攣及口吐白沫一樣帶著一種絕對非自願表現的明顯跡象？是因為需要某種東西出現並將某個神之標記印在是神的面具及發言人的瘋子身上？是因為需要某種東西引發對新觀念的宣揚者產生尊崇及畏懼，而不再是內疚，這甚至也以宣揚者自己為對象，這並促使他成為新觀念的先知及殉教者？——當今日人們告訴我們天才擁有瘋狂的種子而非聰穎（un grain de bon sens），過往的人則更接近這樣的看法，即認為瘋狂總是兼具天才及智慧的種子（un grain de génie et de sagesse）——某種「神性」的東西，如同我們喃喃自語（comme on se murmurait à l'oreille）。或者毋寧是他們更清楚予以表達的：「藉由瘋狂，至善便在希臘擴展」，柏拉圖說出了整個古代人的看法。讓我們再向前邁進一步：對這些不可避免地被推向打破倫理的桎梏、宣布新法則的優秀的人（hommes supérieurs）而言，**當他們不是真的瘋子**，那麼只剩下一件該做的事，就是變成瘋子或假裝瘋狂（……）。

「當我們並不瘋、當我們沒有勇氣裝瘋，那麼我們要怎樣變成瘋子？」幾乎所有古代文明的偉大人物都致力於這種恐怖的思索；在這方面，一套包含各種偽裝手法及飲食指南的祕密學說留存下來，同時也留存了一種純真感、甚至一種懷有如此意圖及夢想的神聖感。要成為印地安人的醫生、中世紀基督徒的聖人、格陵蘭人的巫醫、巴西人的巫師[64]的方法大體一樣：激烈的斷食、禁慾、隱居沙漠或山林、或是住在柱子頂端、再或是「居住在湖畔一株老柳樹上」，以及奉行除了力求超脫（ravissement）及精神失序之外心無旁騖。因此，在過往，誰敢朝著道德焦慮之地獄（l'enfer des angoisses morales）裡頭瞧上一眼呢？這個最苦澀、最無用、很可能耗盡所有時代一切最優秀人士之所在！未來誰敢聽聞孤獨者及失常者的嘆息呢：「啊！神聖的力量，請賜予我瘋狂吧！這個讓我總算可以相信自己的瘋狂！那麼賜予我妄想及痙攣、幾個小時突如其來的清醒與黑暗吧，使出一切必死之人未曾感受過的寒顫與灼熱來驚嚇我吧，用爆裂聲及幽靈來包圍住我吧！讓我吼叫、哀號、像嬰兒般地爬行：讓我獲得自信吧（la foi en moi-même）！懷疑吞噬了我，我殺死了律法（la loi），律法的恐怖對

64. 譯註：格陵蘭人的巫醫（anguécoque）是依努特人的傳統醫生，相信神奇的治療力量。巴西人的巫師（paje）即為原住民部落中的巫師（shaman）。

我而言就像死屍的恐怖對活人一樣；如果不高過於律法，我是受排斥的人當中最受排斥的人。存在於我身上的新精神如果不是從祢們哪裡來的話，那麼它從何處而來呢？因此向我表明我屬於祢們！——只有瘋狂對我提出這樣的證明。」這股熱切太常達到其目標了：在基督教為了能夠在最大的程度上展現其活力——它相信如此便能獲得自身的肯定——而大量增加其聖徒及隱士的時代裡，在耶路撒冷有著幾所收容精神失常者的大型機構，以接納這些沒能過關的聖徒、這些已然奉獻出他們最後一顆理性種子的人。

《曙光》，第一卷，十四，亨利・亞伯特譯，Mercure de France出版

參考書目

Bibliographie

文獻索引

主要德文參考文獻：

Karl LÖWITH, Nietzsches Philosophie der ewigen Wiederkehr des Gleichen, Stuttgart, 1935.

Karl JASPERS, Nietzsche, Berlin, 1936 ; trad. fr. NIEL, N.R.F.

Eugen FINK, Nietzsches Philosophie, Stuttgart, 1960; trad. fr. HILDENBRAND et LINDENBERG, Éd. de Minuit.

Martin HEIDEGGER, Nietzsche, Pfullingen, 1961; trad. fr. en cours, KLOSSOWSKI, N.R.F.

法文參考文獻：

Charles ANDLER, Nietzsche, sa vie, sa pensée, 6 vol., 1920- 1931, Éd. Bossard, puis N.R.F.

近期法文參考文獻：

Jean WAHL, L'avant-dernière pensée de Nietzsche, C.D.U., 1961.

Henri BIRAULT, En quoi nous sommes, nous aussi, encore pieux, Revue de Métaphysique et de Morale, 1962, n° 1.

— Nietzsche et le pari de Pascal, Archivio di Filosofia, 1962, n° 3.

Gilles DELEUZE, Nietzsche et la philosophie, Presses Universitaires de France, 4e éd., 1974.

Édouard GAEDE, Nietzsche et Valéry, N.R.F., 1962.

Pierre KLOSSOWSKI, Un si funeste désir, N.R.F., 1963.

Jean GRANIER, Le problème de la vérité dans la philosophie de Nietzsche, Éd. du Seuil, 1966.

— Nietzsche. Vie et vérité, Presses Universitaires de France, 1971.

尼采／吉爾・德勒茲（Gilles Deleuze）著；王紹中譯. -- 一版. -- 臺北市：時報文化，2018.11｜208面；13×21公分. --（近代思想圖書館系列；55）｜譯自：Nietzsche｜ISBN 978-957-13-7590-8（平裝）｜1.尼采（Nietzsche, Friedrich Wilhelm，1844-1900）2.學術思想 3.哲學｜147.66｜107018019

ISBN : 978-957-13-7590-8

Printed in Taiwan

近代思想圖書館系列 55

尼采

作　　者　吉爾・德勒茲｜Gilles Deleuze
譯　　者　王紹中
審　　閱　黃雅嫺
主　　編　湯宗勳
特約編輯　劉敘一
美術設計　陳恩安

董 事 長　趙政岷
出 版 者　時報文化出版企業股份有限公司
108019台北市和平西路三段二四〇號七樓
發行專線：02-2306-6842
讀者服務專線：0800-231-705｜02-2304-7103
讀者服務傳真：02-2304-6858
郵撥：19344724 時報文化出版公司
信箱：10899台北華江橋郵局第九十九信箱
時報悅讀網　www.readingtimes.com.tw
電子郵箱　new@readingtimes.com.tw
法律顧問　理律法律事務所 陳長文律師、李念祖律師
印　　刷　盈昌印刷有限公司
一版一刷　2018年11月23日
一版二刷　2022年6月30日
定　　價　新台幣 300元